Dr. Gary
Ted Cun......ham

El Lenguaje del
Sexo

Cómo experimentar
la belleza de la
intimidad sexual

La misión de Editorial Vida es ser la compañía líder en comunicación cristiana que satisfaga las necesidades de las personas, con recursos cuyo contenido glorifique a Jesucristo y promueva principios bíblicos.

EL LENGUAJE DEL SEXO – GUÍA DE ESTUDIO
Edición en español publicada por
Editorial Vida – 2009
Miami, Florida

© 2009 por Editorial Vida

Originally published in the USA under the title:
The Language of Sex study guide
© 2008 Gary Smalley and Ted Cunningham
Published by permission of Zondervan, Grand Rapids, Michigan 49530

Traducción, edición, diseño interior: *Tónica Estudio Films*

ISBN: 978-0-8297-5616-6

CATEGORÍA: Vida cristiana / Amor y matrimonio

IMPRESO EN ESTADOS UNIDOS DE AMÉRICA
PRINTED IN THE UNITED STATES OF AMERICA

09 10 11 12 ❖ 6 5 4 3 2 1

Contenido

Introducción

El lenguaje del sexo - Guía de estudio está diseñado para utilizarse junto con el libro y el DVD *El lenguaje del sexo*. Ya sea que decida hacer este estudio con su cónyuge, un grupo pequeño, o como parte de un seminario en la iglesia, lo motivamos a compartir lo que aprenda con las personas más cercanas a usted. Hable de las preguntas y los pasajes bíblicos con su cónyuge, amigos y mentores. A medida que se vaya acercando más a Dios y a su cónyuge con este estudio, no deje de compartir las buenas noticias de lo que Dios está haciendo en su vida.

Cada sesión empieza con una introducción, seguida de una sección de preguntas abiertas, «Para empezar», diseñadas con el objetivo de motivar la discusión. Después de terminar esa parte, ponga la sección correspondiente del DVD para ver a Gary y a Ted conversar sobre sus pensamientos y opiniones con relación al material. Luego, dedique un tiempo a la sección principal de cada sesión, «Discusión y estudio». Tenga la Biblia a mano. Hay muchos pasajes bíblicos y preguntas para reflexionar y discutir. Después, lea el sencillo resumen «Para recordar», que le ayudará a interiorizar lo que ha aprendido. Por último, tendrá la oportunidad de llevar las lecciones a la práctica antes de la siguiente sesión, eligiendo por lo menos una de las tres opciones de la sección «Manos a la obra».

¡Esperamos y le pedimos a Dios que utilice este estudio para que su corazón esté más atento a él y a su cónyuge, a fin de que pueda tener el matrimonio que nunca pensó que tendría!

Las bases de la honra y la seguridad

Capítulos 1-3 de *El lenguaje del sexo*

Hace varios años, los pastores de nuestra iglesia nos reunimos en Panera Bread para dar ideas y planear la serie de Cantares que íbamos a iniciar el domingo siguiente en la mañana. Nos estábamos divirtiendo mucho y éramos muy gráficos con el texto. Tuvimos un tiempo muy divertido con Salomón. Nos reíamos mientras leíamos. Uno de nuestros pastores se levantó por más bebida y se encontró con un hombre en la zona de servirse el café.

El hombre preguntó: —¿A qué se dedican ustedes?

—Somos pastores —respondió mi amigo.

—¿De qué iglesia? —preguntó el hombre.

—Woodland Hills —respondí.

—¡Quiero ir a una iglesia así! —exclamó el hombre.

Durante mucho tiempo, la iglesia se ha quedado callada sobre el tema de la intimidad sexual. Por eso, muchos cristianos y no cristianos entienden mal uno de los mejores regalos de Dios: el sexo.

Por lo tanto, en el siguiente estudio vamos a darle las herramientas que necesita para disfrutar del mejor sexo de su vida y del matrimonio que siempre ha deseado.

La clave para el mejor sexo y el mejor matrimonio se encuentra en la siguiente ecuación:

Honra ➡ Seguridad ➡ Intimidad ➡ Sexo

¿Qué tiene que ver esta ecuación con el mejor sexo de su vida? La honra genera seguridad. La seguridad genera intimidad. Y la intimidad crea el ambiente para un sexo estupendo. La verdad es que no puede haber buen sexo, y mucho menos una relación sana, sin honra y seguridad.

En esta sesión vamos a explorar los asuntos relacionados con la honra y la seguridad, y el papel vital que juegan en el matrimonio y la vida sexual.

Para empezar

Cuando escucha la palabra «honra», ¿en qué piensa?

_____

_____

_____

_____

_____

_____

_____

_____

¿De qué maneras prácticas honra usted a su cónyuge?

_____

_____

_____

_____

_____

_____
_____
_____
_____
_____

¿De qué formas su cónyuge se siente más honrado? ¿Existe alguna diferencia entre la forma en que usted cree que su cónyuge se siente más honrado y la forma en que su cónyuge realmente se siente honrado? Si es así, explique.

_____
_____
_____
_____
_____
_____
_____
_____
_____
_____
_____

Introducción al DVD

La base de todo buen matrimonio empieza con la honra y la seguridad. En esta primera sesión, descubriremos cómo estos asuntos no solo son la base del mejor matrimonio posible, sino de la mejor vida sexual posible. Observemos cómo Gary y Ted introducen esta idea.

Discusión y estudio

La honra es la base de toda buena relación, inclusive de nuestra relación con Dios. Fuimos llamados y creados para honrar a Dios. ¿De qué manera se le da honra a Dios en los siguientes versículos?

Salmo 29:2

_____

_____

_____

_____

_____

_____

_____

_____

_____

_____

Salmo 107:32

_____

_____

_____

_____

_____

_____

_____

_____

_____

_____

Isaías 25:1

_____

_____

_____

_____

_____

_____

_____

_____

_____

Mencione cinco formas específicas en que usted honra a Dios en su propia vida.

1. _____

2. _____

3. _____

4. _____

5. _____

Aunque Dios es el único que merece toda la honra y la gloria, nosotros también debemos honrarnos unos a otros al amarnos unos a otros. Jesús dijo que los mandamientos más grandes eran amar a Dios con todo lo que tenemos y a nuestro prójimo como a nosotros mismos. Eso incluye honrarnos unos a otros. La palabra «honra» significa darle un alto valor a alguien o algo. Cuando honramos a alguien o a algo, por lo general brota un sentimiento dentro de nosotros que influye en nuestras acciones y actitudes. Sentimos gratitud y alegría cuando pensamos en la otra persona.

La honra no es exclusivamente para nuestros jefes, compañeros de trabajo o amigos. Es algo que debemos practicar con regularidad en nuestros matrimonios.

Yo (Gary) descubrí esto al principio de mi matrimonio con Norma, cuando después de una discusión acalorada me di cuenta de que la forma en que vivía mi vida le transmitía a Norma que todo era más importante que ella. Estaba dañando la relación con mi esposa sin ni siquiera percatarme de ello, ya que no la honraba. Todo se remite de nuevo a aquella ecuación:

HONRA ➡ Seguridad ➡ Intimidad ➡ Sexo

Revise de nuevo los pasajes en los que se le da honra a Dios. Al reflexionar en los siguientes versículos, ¿de qué formas piensa usted que puede honrar a su cónyuge?

Salmo 29:2

_____
_____
_____
_____
_____
_____
_____
_____

Salmo 107:32

_____
_____
_____
_____
_____
_____
_____
_____

Isaías 25:1

_____
_____
_____

_____
_____
_____
_____
_____
_____
_____
_____

Lo que muchas personas no entienden es que honrar a los demás es realmente un asunto del corazón. Si no nos honramos a nosotros mismos, va a ser más difícil honrar a alguien más. Si somos demasiado críticos o duros con nosotros mismos, probablemente tendremos la misma actitud hacia los demás, incluso hacia nuestro cónyuge.

Examine las siguientes frases. Escriba su nombre al lado de las frases que a veces se dice a sí mismo. Escriba el nombre de su cónyuge al lado de las frases que a veces él se dice a sí mismo.

Soy un tonto. _____
Soy un idiota. _____
Qué estúpido soy. _____
Nunca hago nada bien. _____
Soy muy lento. _____
Jamás lograré nada. _____
Soy un perdedor. _____
Nadie me quiere. _____
¡Bruto! _____

¡Es sorprendente lo duros que podemos ser con nosotros mismos sin ni siquiera darnos cuenta! Si su nombre o el de su cónyuge aparecen más de una vez en esta lista, es un buen momento para detenerse y orar. Pídale a Dios que cambie sus corazones y sean una fuente de motivación y vida para el otro. Pídale a Dios que los perdone por ser tan duros ustedes mismos y les revele las profundidades de su amor por ustedes.

Cómo honrar su matrimonio

Honrar a su cónyuge significa honrar su matrimonio y reconocer que no solo su cónyuge es un regalo de Dios, sino que la institución del matrimonio también lo es.

Lea Génesis 2:18. Observe que Dios no solo hizo «una ayuda», sino «una ayuda adecuada» para él. ¿Por qué cree usted que Dios fue tan cuidadoso en el diseño de una esposa para Adán?

_____

_____

_____

_____

_____

_____

_____

_____

La palabra que se usa en Génesis 2:18 para «ayuda» es *ezer*, que significa «alguien que ayuda». Se refiere a alguien que está al lado de uno para ofrecer asistencia, y es la misma palabra que se utiliza en los siguientes versículos para referirse a Dios. Busque los siguientes versículos y escríbalos debajo de la referencia.

Salmo 33:20

_____

_____

_____

_____

_____

Salmo 70:1

_____

_____

_____

Salmo 115:9

Dios le dio un cónyuge para que estuviera a su lado y le brindara su ayuda. No le dio un cónyuge como reemplazo de él mismo. Usted honra a Dios cuando honra su matrimonio.

«Los dos principios más importantes que mantienen a una pareja enamorada y en una relación mutuamente satisfactoria son: (1) honrar al cónyuge y (2) mantener la relación segura» (pág. 33 de *El lenguaje del sexo*).

Cómo edificar la seguridad en el matrimonio

Una de las mejores formas de edificar la seguridad es poner su energía en honrar a su pareja y buscar oportunidades para suplir y satisfacer los deseos de su cónyuge. Cuando usted edifica la seguridad en su relación, la temperatura de su vida amorosa sube.

Honra ➡ SEGURIDAD ➡ Intimidad ➡ Sexo

¿Cómo se edifica la seguridad en el matrimonio? Una de las mejores maneras es guardando el corazón de su cónyuge. Eso significa que cada vez que se genere un conflicto, usted debe ocuparse de él inmediatamente.

Guarde el corazón de su cónyuge

«El sexo es solo el barómetro del matrimonio. La honra lleva a la seguridad, la seguridad lleva a la intimidad y la intimidad lleva al sexo. Seguridad significa honrar su relación y estimar a su pareja como una persona demasiado valiosa. Seguridad significa ver a su pareja con el sello personal de Dios. Cuando usted aumenta la seguridad dentro de su matrimonio, la intimidad surge naturalmente» (pág. 37).

Lea Cantares 2:14-15 y escriba los versículos a continuación.

_____

_____

_____

_____

_____

_____

«En Cantares 2:15, la novia de Salomón dice: "Atrapen a las zorras". Aunque este versículo puede ser interpretado de muchas formas, yo creo que se refiere a las "zorras" del conflicto que aparecen en nuestra vida. En esencia, lo que ella dice es: "Cuando haya un conflicto, resolvámoslo inmediatamente". Al atrapar las "zorras", se crea la seguridad, y la intimidad crece naturalmente» (pág. 41).

¿Qué zorras están apareciendo en su relación con su cónyuge ahora mismo? ¿Hay zorras que deban atrapar y eliminar de su matrimonio?

_____

_____

_____

_____

_____

_____

Comprométase cien por ciento con el matrimonio

El plan de Dios para su matrimonio es que ustedes pasen toda la vida aprendiendo y creciendo juntos. Quizá esa es una de las razones por las que Malaquías dice que Dios aborrece el divorcio. No es a la persona divorciada a la que Dios aborrece, sino la ruptura de los lazos que se dan naturalmente en el matrimonio. Aunque las personas que han pasado por un divorcio pueden experimentar la gracia, la libertad, el perdón y la restauración del Señor, el divorcio está en contra del mejor plan de Dios para su vida.

Lea Malaquías 2:10-16. ¿Por qué cree usted que Dios se opone completamente al divorcio?

_____

_____

_____

_____

_____

_____

El matrimonio representa algo mayor que solo la unión entre un hombre y una mujer. También representa la relación de Dios con su pueblo, la iglesia. Según los siguientes pasajes bíblicos, ¿qué podemos aprender del deseo de Dios de tener una relación con nosotros?

Isaías 62:5

_____

_____

_____

_____

_____

_____

2 Corintios 11:2

_____

_____

_____

_____

_____

_____

Apocalipsis 19:7

_____
_____
_____
_____
_____
_____
_____

Apocalipsis 21:2

_____
_____
_____
_____
_____
_____
_____

En estos versículos se nos revela el inmenso amor de Dios. No se trata solo de un compromiso verbal sino que es parte de un pacto, una promesa irrevocable de Dios en la que él se compromete a cumplir sus propósitos y promesas. Cuando le decimos a nuestro cónyuge que estamos comprometidos con él sin importar lo que suceda, no solo aumentamos la honra en el matrimonio, sino que también le damos seguridad a nuestro cónyuge. Solo cuando la relación se encuentra segura en ese amor es que puede florecer y crecer.

Tenga límites sanos

Efesios 5:31 dice: «Por eso dejará el hombre a su padre y a su madre, y se unirá a su esposa, y los dos llegarán a ser un solo cuerpo». La palabra para «unirá» se traduce como «pegará» en el hebreo moderno. Un hombre y una mujer casados están diseñados para estar pegados, pero ese vínculo natural no se puede formar si todavía están apegados a mamá y papá, antiguos novios u otro tipo de dependencias.

Reflexione en su propio matrimonio. ¿Hay límites nocivos que estén dañando su relación?

_____

_____

_____

_____

_____

Para recordar

La honra y la seguridad son cruciales para fortalecer el matrimonio.

HONRA ➡ SEGURIDAD ➡ Intimidad ➡ Sexo

La honra y la seguridad llevan naturalmente a la intimidad en una relación. En la siguiente sesión descubrirá algunas de las diferencias que hay entre los hombres y las mujeres y la manera de empezar a apreciar esas diferencias en su propio matrimonio para encaminarse hacia la intimidad. A fin de prepararse para la siguiente sesión, lea los capítulos 4 al 6 de *El lenguaje del sexo*.

Manos a la obra

Escoja por lo menos una de las siguientes actividades recomendadas para llevarla a cabo durante la próxima semana. Puede considerar la posibilidad de compartir con sus amigos y compañeros del grupo pequeño el impacto que esta actividad tiene en usted y en su relación con su cónyuge.

1. Honre a su cónyuge con las Escrituras

Una de las mejores maneras de honrar a su cónyuge es reconociendo su increíble valor. Y una de las formas de hacerlo es a través de las Escrituras. En los siguientes versículos, ponga el nombre de su cónyuge en cada línea:

Tú creaste las entrañas de _____; formaste a _____ en el vientre de su madre. ¡Te alabo porque _____ es una creación admirable! ¡Tus obras son maravillosas, y esto lo sé muy bien! Los huesos de _____ no te fueron desconocidos cuando en lo más recóndito era _____ formado, cuando en lo más profundo de la tierra era _____ entretejido. Tus ojos vieron el cuerpo de _____ en gestación: todo estaba ya escrito en tu libro; todos los días de _____ se estaban diseñando, aunque no existía uno solo de ellos (ver **Salmo 139:13-16**).

Ahora busque los siguientes pasajes en la Biblia y léaselos en voz alta a su cónyuge:

- Isaías 43:1-7 (reemplace la palabra «Dios» por «Yo»)

- Romanos 8:38-39 (reemplace «apartarnos» por «apartar a» y el nombre de su cónyuge)

- 1 Corintios 13

- Efesios 3:17-19

2. Honre a su amado con la parcialidad en la confirmación

Usted puede edificar la honra y la seguridad en su matrimonio con el novedoso concepto llamado parcialidad en la confirmación. El secreto es el siguiente: Cuando usted toma una decisión sobre alguien, sus sentimientos siguen a esa decisión. Las personas tienden a ver solamente lo que creen, así que si usted cree que su cónyuge es despreciable, incompetente, o que siempre llega tarde, solo va a ver y reconocer los comportamientos que sustentan esas creencias.

Filipenses 4:8 dice: «Consideren bien todo lo verdadero, todo lo respetable, todo lo justo, todo lo puro, todo lo amable, todo lo digno de admiración, en fin, todo lo que sea excelente o merezca elogio». A continuación, escriba de qué manera su cónyuge cumple con cada uno de estos adjetivos.

Verdadero

_____

_____

_____

_____

_____

Respetable

_____

_____

_____

_____

_____

Justo

_____

_____

_____

_____

_____

Puro

_____

_____

_____

_____

_____

Amable

_____

_____

_____

_____

_____

Digno de admiración

_____
_____
_____
_____
_____
_____

Excelente

_____
_____
_____
_____
_____

Merecedor de elogio

_____
_____
_____
_____
_____
_____

Durante la próxima semana, comprométase a orar por su cónyuge en cada una de estas áreas. Pídale a Dios que le revele áreas en las que usted no haya notado que su esposo es verdadero, respetable, justo, puro, amable, digno de admiración, excelente o merecedor de elogio. Al final de la semana, comparta la lista con su cónyuge.

¡Se sorprenderá al ver cómo su actitud y su relación cambian! Ese es el secreto de la parcialidad en la confirmación y vale la pena repetirlo: Cuando usted toma una decisión sobre alguien, sus sentimientos siguen a esa decisión. ¡Así que siga adelante y tome las mejores decisiones posibles con relación a su cónyuge!

3. Practique la regla de los cinco minutos

La Biblia nos desafía en nuestras relaciones a ser «siempre humildes y amables, pacientes, tolerantes unos con otros en amor» (Efesios 4:2). De modo que ahora yo (Ted) uso la regla de los cinco minutos: cuando hay un conflicto que no se resuelve fácilmente, me doy un tiempo.

Sigo la instrucción de Santiago 1:19: «Todos deben estar listos para escuchar, y ser lentos para hablar y para enojarse». Salgo por lo menos por cinco minutos y le pido a Dios que me ayude a abrir mi corazón otra vez. Durante este tiempo, me rehúso a enojarme, hacer muecas, quejarme, reclamar o pensar en tres razones por las cuales lo que sucedió es culpa de mi esposa. Asumo el cien por ciento de la responsabilidad por mi corazón. Y todas las veces que hago esto, el vínculo de nuestro amor, respeto y seguridad no solo se preserva, sino que crece.

Cuéntele a su cónyuge que usted va a practicar la regla de los cinco minutos cuando tengan un conflicto que no se resuelva fácilmente. Pídale a su cónyuge que le ayude a cumplirla. Si una discusión se agrava, déle a su cónyuge permiso de recordarle amablemente que se tome un tiempo. Utilice esos cinco minutos para orar y pedirle a Dios que le dé su perspectiva del asunto. Pídale a Dios que lo cambie a usted, no a su cónyuge.

La regla de los cinco minutos ayuda a que nuestros corazones estén abiertos para el otro. Y cuando el corazón está abierto, todas las puertas se abren: a conversaciones estupendas, tiempos juntos, la intimidad y el sexo.

Aprecie las diferencias y descubra la comunicación

Capítulos 4-6 de *El lenguaje del sexo*

¡Algunas veces yo (Ted) pienso que las diferencias entre hombres y mujeres son demasiadas! Las vemos en diferentes situaciones cada día. Incluso las observamos en los niños.

Hace poco fui a un partido de baloncesto de preescolares de YMCA. Cada equipo tenía cinco miembros en la cancha, conformados por cuatro niños y una niña. Al observar la cancha, vi que las dos niñas, que eran de equipos contrarios, estaban hablando en la banda lateral. Mientras tanto, los ocho niños estaban ocupados luchando por la pelota. Las niñas querían hablar, crear una relación y conectarse, sin importar que fuera la hora del partido. Los niños, en cambio, querían jugar y ganar.

Me daba risa cada vez que un niño se robaba la pelota del equipo contrario. Los otros corrían rápidamente por la cancha, pero a las niñas parecía no interesarles. ¡Simplemente seguían hablando! El entrenador gritaba: «La pelota está allá». Y las niñas trotaban al otro lado de la cancha, conversando.

No solo vemos diferencias en la cancha de baloncesto. Hace poco, vinieron algunos amigos a casa a ver un partido. Cuando se acabaron las papas fritas, empezó la competencia entre los hombres.

Alguien comentó:

—Oigan, se acabaron las papas.

—Sí —dijo otro.

—Ve y trae más papas —indicó alguien más.

—No, ve tú; despúes de todo, yo las compré.

El problema no eran las papas, sino la lucha para decidir quién cedería e iría por más papas a la cocina.

Cuando se acaba algo de comida en una reunión de mujeres, ellas por lo general responden de manera un poco diferente. Se levantan en grupo, por lo menos dos de ellas si es que no se paran todas, van a la cocina, llenan el tazón y se toman su tiempo. Luego regresan, se sientan y siguen con su reunión.

Las tendencias de los sexos son obviamente diferentes.

Y esas diferencias son hermosas a los ojos de Dios. Dios mira nuestras diferencias y se alegra porque él nos creó. Nos ha dado a cada uno de nosotros una mezcla única de dones, talentos, fortalezas y debilidades.

En esta sesión, vamos a aprender a apreciar esas diferencias. También estudiaremos cómo llevar la comunicación al siguiente nivel para promover la intimidad en la relación matrimonial.

Para empezar

En el siguiente espacio, escriba tres similitudes entre usted y su cónyuge. Pueden ser dones, talentos, debilidades, intereses, pasiones, visiones, sueños y esperanzas.

1._____

2._____

3._____

Ahora escriba tres diferencias entre usted y su cónyuge.

1._____

2._____

3._____

¿De qué manera esas diferencias los complementan? ¿De qué manera esas diferencias les ayudan a equilibrar sus vidas?

_____

_____

_____

_____

_____

Introducción al DVD

Como hemos dicho, la base de todo buen matrimonio empieza con la honra y la seguridad. Una de las mejores maneras de edificar la honra y la seguridad en el matrimonio es aprendiendo a apreciar las diferencias que existen entre usted y su cónyuge. Cuando usted empieza a valorar esas diferencias en el matrimonio, crea intimidad. En esta segunda sesión descubriremos algunas de las diferencias comunes entre los hombres y las mujeres y estudiaremos cómo mejorar la comunicación. Observemos cómo Gary introduce estas ideas.

Discusión y estudio

La intimidad a menudo se define como «ver dentro del otro». Es una relación de conocer y ser conocido. Más que nadie, Dios desea una relación íntima con usted. Dios no solo nos conoce, sino que quiere que lo conozcamos. ¡El Salmo 139 es un pasaje increíble que muestra que Dios nos hizo y sabe cosas de nosotros que nosotros mismos ni siquiera sabemos!

Lea el Salmo 139:14-18. Haga una lista de todas las cosas que Dios ha hecho por nosotros y sabe de nosotros.

_____

_____

_____

_____

Dios no solo sabe todo de nosotros; él desea que lo conozcamos. En los siguientes pasajes, ¿qué promesas se les dan a aquellos que buscan a Dios, a los que desean una relación íntima con él?

Deuteronomio 4:29

_____
_____
_____
_____
_____
_____
_____
_____

2 Crónicas 7:14

_____
_____
_____
_____
_____
_____
_____

Salmo 9:10

_____
_____
_____
_____
_____
_____
_____

_____

_____

_____

Estos pasajes sugieren que hay grandes recompensas para aquellos que buscan a Dios. Así como fuimos creados para conocer a Dios y ser conocidos por él en una relación íntima, también debemos tener una relación íntima con nuestro cónyuge.

Reflexione en su relación matrimonial. ¿Qué tanto ha aumentado el nivel de intimidad con su cónyuge?

_____

_____

_____

_____

_____

_____

_____

_____

En una escala de uno a diez, ¿qué tanto cree usted que conoce a su cónyuge?

1	2	3	4	5	6	7	8	9	10

Nada   Todo

En una escala de uno a diez, ¿qué tanto cree usted que su cónyuge lo conoce?

1	2	3	4	5	6	7	8	9	10

Nada   Todo

¿Qué tipo de actividades tienden a edificar la intimidad en su matrimonio?

_____
_____
_____
_____
_____
_____
_____
_____

¿Qué tipo de actividades tienden a dañar la intimidad en su matrimonio?

_____
_____
_____
_____
_____
_____
_____
_____

Para descubrir la verdadera intimidad se debe empezar por entender y apreciar las diferencias únicas que Dios creó entre los hombres y las mujeres. La intimidad no empieza en la habitación. La intimidad empieza con la honra y la seguridad, como lo estudiamos en la primera sesión, y su resultado es el sexo, como lo descubriremos en la siguiente sesión.

Honra ➡ Seguridad ➡ INTIMIDAD ➡ Sexo

«La intimidad incluye los actos diarios de bondad, persistencia y comunicación que crean el anhelo y a la larga el deseo del sexo en las mujeres. El mejor sexo de su vida empieza con lo que algunos consideran un contacto no sexual: tomarse de las manos, tocar los hombros, un abrazo cálido» (pág. 48).

Cuando descubrimos las diferencias entre hombres y mujeres de una manera sana, estamos mejor equipados para honrar esas diferencias. Al estar consciente de las mismas, podemos entender, ser compasivos y perdonar. Así se crea un antídoto para las creencias negativas y las suposiciones. ¡E incluso se aumenta la curiosidad, la fascinación y el asombro en el matrimonio!

Para cada par de palabras a continuación, encierre en un círculo la característica que lo describe mejor a usted.

TEST RÁPIDO SOBRE EL CEREBRO

a. Visual	b. Verbal
a. Espacial	b. Lingüístico
a. Imagen general	b. Detalles
a. Emocional	b. Práctico
a. Abstracto	b. Concreto
a. Formas o patrones	b. Secuencias ordenadas

Si la mayoría de sus respuestas son *a,* tiende a favorecer el lado derecho del cerebro. Si la mayoría de sus respuestas son *b,* tiende a favorecer el lado izquierdo del cerebro.

Lo interesante es que el ochenta por ciento de los hombres tiende a utilizar más el lado izquierdo del cerebro. Allí es donde se almacena la lógica y el sistema del lenguaje. Es la parte del cerebro que domina temas como la ingeniería y la contabilidad.

Por otro lado, el ochenta por ciento de las mujeres tiende a utilizar más el lado derecho del cerebro. Este lado es altamente creativo y domina temas como el arte y el diseño.[1]

Sin embargo, el punto es que no importa si en usted domina el lado derecho o izquierdo del cerebro, porque de igual forma tiene muchas fortalezas y talentos que lleva a su matrimonio.

¿De qué manera las respuestas de su cónyuge al test anterior difieren de las suyas? ¿En qué áreas tienden a pensar parecido?

_____

_____

_____

_____

_____

_____

«¿Sabía usted que el cerebro humano es tan fabuloso y poderoso que la persona promedio utiliza solamente un ocho por ciento de su capacidad mental? Eso significa que todos tenemos la capacidad de crecer y cambiar en nuestras habilidades cognitivas y relacionales. ¡Si en usted tiende a dominar el lado izquierdo o derecho de su cerebro, puede aprender a utilizar el otro lado! ¡Todos los hombres y mujeres tienen un tremendo potencial!» (pág. 62).

Las cinco diferencias clave que edifican la seguridad

En el capítulo 4 de *El lenguaje del sexo* se resaltan las cinco diferencias claves entre los hombres y las mujeres. Observe cada diferencia, encierre en un círculo su respuesta y luego responda las preguntas correspondientes.

1. Los hombres tienden a descubrir y expresar los hechos, mientras que las mujeres tienden a expresar la intuición y sus emociones.

1	2	3	4	5	6	7	8	9	10

Estoy en total desacuerdo   Estoy completamente de acuerdo

¿Piensa usted que esta diferencia es verdad en su matrimonio? Explique.

_____

_____

_____

_____

_____
_____
_____
_____
_____

¿De qué forma puede hacer que esta área no sea tan problemática entre usted y su cónyuge y puedan valorar más esta diferencia?

_____
_____
_____
_____
_____
_____
_____
_____
_____
_____

2. Los hombres tienden a buscar soluciones, mientras que las mujeres tienden a buscar compasión, empatía y comprensión.

1	2	3	4	5	6	7	8	9	10

Estoy en total desacuerdo   Estoy completamente de acuerdo

¿Piensa usted que esta diferencia es verdad en su matrimonio? Explique.

_____
_____
_____
_____
_____
_____

¿De qué forma puede hacer que esta área no sea tan problemática entre usted y su cónyuge y puedan valorar más esta diferencia?

_____

_____

_____

_____

_____

_____

_____

_____

3. Los hombres tienden a ser objetivos, mientras que las mujeres tienden a ser personales.

1	2	3	4	5	6	7	8	9	10

Estoy en total desacuerdo   Estoy completamente de acuerdo

¿Piensa usted que esta diferencia es verdad en su matrimonio? Explique.

_____

_____

_____

_____

_____

_____

_____

_____

¿De qué forma puede hacer que esta área no sea tan problemática entre usted y su cónyuge y puedan valorar más esta diferencia?

_____

_____

_____

_____
_____
_____
_____
_____
_____

4. Muchos hombres pueden separar lo que son de lo que los rodea, pero la casa es una extensión de la mayoría de las mujeres.

1	2	3	4	5	6	7	8	9	10

Estoy en total desacuerdo   Estoy completamente de acuerdo

¿Piensa usted que esta diferencia es verdad en su matrimonio? Explique.

_____
_____
_____
_____
_____
_____
_____

¿De qué forma puede hacer que esta área no sea tan problemática entre usted y su cónyuge y puedan valorar más esta diferencia?

_____
_____
_____
_____
_____
_____

5. Los hombres tienden a concentrarse más en lo básico, mientras que las mujeres tienden a concentrarse más en los detalles que conforman el gran cuadro.

1	2	3	4	5	6	7	8	9	10

Estoy en total desacuerdo   Estoy completamente de acuerdo

¿Piensa usted que esta diferencia es verdad en su matrimonio? Explique.

_____
_____
_____
_____
_____
_____
_____
_____

¿De qué forma puede hacer que esta área no sea tan problemática entre usted y su cónyuge y puedan valorar más esta diferencia?

_____
_____
_____
_____
_____
_____
_____
_____

Una de las formas de apreciar las diferencias, no solo en el matrimonio sino en todas las relaciones, es darse cuenta de que Dios hizo a cada persona única para sus propósitos. Pedro y Pablo eran muy diferentes en sus personalidades, pero ambos fueron utilizados poderosamente por Dios.

Lea Mateo 14:22-31, Mateo 26:69-75 y Juan 6:60-69. Reflexione en esos pasajes. ¿Cómo describiría a Pedro? ¿Cómo Dios usó a Pedro?

_____

_____

_____

_____

_____

_____

_____

Lea Hechos 16:36-37, 20:25-37 y 2 Timoteo 4:7-8. Reflexione en esos pasajes. ¿Cómo describiría a Pablo? ¿Cómo Dios usó a Pablo?

_____

_____

_____

_____

_____

_____

_____

Aunque Pedro y Pablo eran muy diferentes, Dios los usó a ambos para edificar la iglesia y llevar a muchos a una relación con Jesús. Nuestras diferencias, las áreas en las que somos únicos, pueden convertirse en áreas de gran fortaleza, bendición e inspiración cuando las usamos para glorificar a Dios.

Cómo crear el ambiente para la mejor comunicación

Además de valorar las diferencias, la comunicación también es crucial para desarrollar la honra, la seguridad y la intimidad en un matrimonio. ¡De hecho, la buena comunicación puede mejorar todas las relaciones!

«Una vida sexual estupenda empieza al tomarse el tiempo de escuchar a su cónyuge y entender tantas cosas sobre él o ella como pueda. Escuchar es honrar. Escuchar es dar seguridad, en especial cuando usted no reacciona, sino que es genuinamente curioso y se siente fascinado por lo que su cónyuge le dice» (pág. 72).

Es posible que usted no se dé cuenta de lo importantes que son las palabras en el matrimonio y las demás relaciones. Lea Proverbios 18:21. ¿Cuánto poder tienen las palabras?

_____

_____

_____

_____

_____

_____

_____

Durante la semana pasada, ¿a quién le habló usted palabras de vida? ¿Cuál fue el resultado?

Nombre o iniciales de la persona   Resultado

_____   _____

_____   _____

_____   _____

_____   _____

_____   _____

_____   _____

_____   _____

Durante la semana pasada, ¿a quién le habló usted palabras de muerte? ¿Cuál fue el resultado?

Nombre o iniciales de la persona   Resultado

_____   _____

_____   _____

_____   _____

_____   _____

_____   _____

_____   _____
_____   _____
_____   _____
_____   _____

La Biblia nos brinda consejos prácticos y valiosos sobre cómo desarrollar buenas habilidades de comunicación. Estudie los siguientes pasajes. ¿Qué puede aprender de los siguientes versículos para mejorar sus habilidades de comunicación?

Éxodo 20:16

_____
_____
_____
_____
_____
_____

Proverbios 15:28

_____
_____
_____
_____
_____
_____

Proverbios 16:32

_____
_____
_____
_____
_____
_____

Proverbios 18:13

_____
_____
_____
_____
_____
_____
_____

Mateo 5:33-37

_____
_____
_____
_____
_____
_____
_____

1 Corintios 13:1

_____
_____
_____
_____
_____
_____
_____

¿De qué manera la mala comunicación afecta sus relaciones? ¿Qué precio pagan los demás —Dios, la familia, los amigos y los compañeros de trabajo— cuando usted no se comunica o no escucha bien?

_____
_____
_____
_____
_____

_____
_____
_____
_____
_____
_____

¿De qué manera comunicarse bien le ayudará a mejorar sus relaciones? ¿Y su matrimonio?

_____
_____
_____
_____
_____
_____
_____
_____

Para recordar

Al aprender a apreciar las diferencias y comunicarse efectivamente, usted crea un ambiente en el que la honra y la seguridad abundan en su matrimonio. Esto lleva a una mayor intimidad.

Honra ➡ Seguridad ➡ INTIMIDAD ➡ Sexo

Uno de los resultados naturales de aumentar la intimidad en el matrimonio es una vida sexual estupenda. En la siguiente sesión, descubrirá cómo crear el ambiente para el mejor sexo de su vida, cuáles son las tres grandes sexpectativas, y cómo cultivar la creatividad en la vida sexual. A fin de prepararse para la siguiente sesión, lea los capítulos 7 al 9 de _El lenguaje del sexo._

Manos a la obra

Escoja por lo menos una de las siguientes actividades recomendadas para llevarla a cabo durante la próxima semana. Puede considerar la posibilidad de compartir con sus amigos y compañeros del grupo pequeño el impacto que esta actividad tiene en usted y su relación con su cónyuge.

1. Haga el test del cerebro y el sexo

El test del cerebro y el sexo que está en las páginas 53-55 de *El lenguaje del sexo.* Usted y su cónyuge deben hacer el test por separado y luego comparar las respuestas.

¿Le sorprendió alguna de sus respuestas?

_____

_____

_____

_____

_____

_____

¿Le sorprendió alguna de las respuestas de su cónyuge?

_____

_____

_____

_____

_____

_____

¿De qué manera el test del cerebro y el sexo le ayudó a entenderse mejor a sí mismo? ¿Y a entender mejor a su cónyuge?

_____

_____

_____

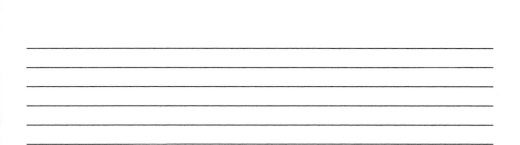

_____

_____

_____

_____

_____

_____

2. Revise el manual del matrimonio

Toda mujer tiene integrado dentro de sí un manual del matrimonio. Así describimos el deseo innato que tienen las mujeres de tener una relación estupenda. Una de las formas de saber cómo está su matrimonio es haciéndole a su cónyuge las siguientes tres preguntas. Ambos deben sentirse cómodos para hablar con sinceridad y saber que las respuestas están diseñadas para mejorar y fortalecer la relación.

1. En una escala de uno a diez, ¿qué tipo de matrimonio quieres?

2. En una escala de uno a diez, ¿dónde está nuestro matrimonio hoy?

3. ¿Qué se necesitaría hoy o en las próximas semanas para que nuestra relación llegara a un diez?

3. Cambie la manera de decir «Te amo»

Las imágenes verbales emocionales son una manera poderosa de ayudarle a comunicar lo que usted realmente piensa y siente. Aunque al principio puede ser extraño utilizar este tipo de descripciones, cuando empieza a dibujar imágenes con sus palabras puede expresar las cosas para las que a veces no es fácil encontrar las palabras adecuadas.

Durante la próxima semana, piense en una imagen verbal emocional para describir su amor, afecto o cariño por su cónyuge todos los días. Cuéntele a su cónyuge sobre ese compromiso y piense bien las palabras que va a utilizar. Aunque esta clase de afirmación es sencilla, puede darle nueva vida y diversión a su matrimonio.

Nota

1. Anne Moir y David Jessel, *Brain Sex: The Real Difference Between Men and Women*, A Delta Book/Dell Publishing, Nueva York, 1989, p. 40.

Estimulación, relación y creatividad

Capítulos 7-9 de *El lenguaje del sexo*

La inteligencia de Dios se demuestra en la forma en que él une a dos personas para convertirlas en un solo ser. ¡Es maravilloso! ¡Es un misterio! ¡Es una belleza! El hecho de que yo (Ted) pueda tomar todas mis emociones, mi corazón y lo que siento por mi esposa que no siempre puedo expresar con palabras y expresarlo a través del contacto físico de la relación sexual es sorprendente. ¡El diseño de Dios es simplemente brillante! El sexo es un regalo que no solo se debe disfrutar para que tenga lugar la consumación y la procreación, sino también para la recreación de la esposa y el esposo.

No obstante, a veces en nuestro matrimonio perdemos la fascinación y la curiosidad que nos llevaron a enamorarnos. Lo más seguro es que cuando ustedes empezaron a salir, querían saber todo lo que se pudiera sobre el otro. Nada los podía separar. Sin embargo, a medida que fueron pasando los años del matrimonio, es posible que algo de esa emoción haya desaparecido. Es posible que ya no se hagan preguntas estupendas. O que ya no se tomen el tiempo para comunicarse verdaderamente. Es probable que hayan perdido algo de la curiosidad y la fascinación que los unió en un principio. La intimidad en su relación se ha visto afectada. Y con el tiempo, la frecuencia del sexo en el matrimonio ha disminuido.

Con todo, hay buenas noticias: no tiene que dejar morir el amor en la relación. Pueden seguir haciéndose preguntas estupendas. Pueden seguir cultivando una relación de creatividad, espontaneidad y fascinación.

La relación no tiene que estar centrada en el deber y la responsabilidad. Puede centrarse en apreciarse mutuamente y edificar una base de honra y seguridad que lleve a la intimidad y una vida sexual estupenda.

Me encanta cuando escucho a ciertas parejas mayores decir que su vida sexual cada vez es mejor. De hecho, eso no solo es una buena idea; es un principio bíblico. Proverbios 5:18-19 dice: «¡Bendita sea tu fuente! ¡Goza con la esposa de tu juventud! Es una gacela amorosa, es una cervatilla encantadora. ¡Que sus pechos te satisfagan siempre! ¡Que su amor te cautive todo el tiempo!»

El plan de Dios para su matrimonio no es solo que usted se sienta satisfecho con su cónyuge, sino que también se sienta cautivado por él. Eso quiere decir que no tiene que perder la fascinación y la curiosidad con el tiempo. Puede cultivarlas y enamorarse de nuevo.

Recuerde: La clave para tener el mejor sexo y el mejor matrimonio posibles se encuentra en la siguiente ecuación:

$$\text{Honra} \longrightarrow \text{Seguridad} \longrightarrow \text{Intimidad} \longrightarrow \text{Sexo}$$

La honra crea seguridad. La seguridad crea intimidad. Y la intimidad crea el ambiente para un sexo estupendo. En esta sesión, vamos a explorar los temas de la afirmación verbal, las expectativas sanas y la creatividad.

Para empezar

¿Cómo ha cambiado el romance en su relación desde que se casaron?

_____

_____

_____

_____

_____

_____
_____
_____
_____

¿Qué tipos de actividades, palabras o interacciones cultivan el romance, el afecto y la fascinación en su relación?

_____
_____
_____
_____
_____
_____
_____
_____

¿Qué le impide hacer esas actividades, decir esas palabras y disfrutar de esas interacciones más a menudo?

_____
_____
_____
_____
_____
_____
_____

Introducción al DVD

Un buen matrimonio está fundamentado en la honra y la seguridad. Cuando los cónyuges aprenden a apreciar las diferencias y descubren cómo comunicarse efectivamente, cultivan de forma natural un ambiente de intimidad que produce un sexo estupendo. En esta tercera sesión descubriremos cómo estos asuntos son la base no solo del mejor matrimonio posible, sino también del mejor sexo posible. Observemos cómo Ted introduce esta idea.

Discusión y estudio

El sexo estupendo empieza mucho antes de llegar a la habitación. La mejor estimulación empieza en la mañana cuando le hace saber a su cónyuge que usted lo honra y lo valora. Eso quiere decir que vale la pena, en especial para los hombres, levantarse temprano simplemente para estar juntos. El cuidado personal, como tomar una ducha, rasurarse y cepillarse los dientes, transmite que usted quiere agradar a su cónyuge. Los actos de servicio, como cuidar a los niños, limpiar y ayudar con las tareas sin que se le pida, comunican una voluntad de servir. Y las expresiones verbales de amor y afecto pueden hacer que su cónyuge se sienta honrado, amado e incluso más conectado a usted.

Escriba cinco actividades no sexuales que le ayudan a prepararse o le hacen desear el sexo con su cónyuge.

1._____

2._____

3._____

4._____

5._____

La afirmación verbal es muy importante en cualquier relación. Cuando nos animamos con las palabras, cambiamos nuestra perspectiva de la vida y de nosotros mismos. En los siguientes pasajes, ¿qué afirmación verbal le dio Dios a Josué?

Josué 1:6

_____
_____
_____
_____
_____

Josué 1:7

_____
_____
_____
_____
_____
_____

Josué 1:9

_____
_____
_____
_____
_____
_____

Josué 1:18

_____
_____
_____
_____
_____

¿Por qué cree usted que Josué necesitaba escuchar la afirmación verbal más de una vez?

_____
_____
_____
_____
_____
_____
_____
_____

Si Josué necesitaba escuchar la afirmación verbal de Dios varias veces, ¿cuánto más usted y su cónyuge necesitan aanimarse verbalmente?

_____
_____
_____
_____
_____
_____

¿Por qué cree usted que es tan importante afirmarse con palabras antes y después de la relación sexual?

_____
_____
_____
_____
_____
_____

«Ya hemos aprendido que las mujeres son amantes de todo el día. La conexión emocional debe empezar temprano en la mañana y el contacto no sexual debe existir durante todo el día. Escucharse el uno al otro con amor cuando están juntos; ayudar con los niños, en los oficios y las diversas tareas; aprender cosas nuevas juntos: esto y muchas otras actividades preparan a una mujer para la relación sexual. Las distracciones deben ser eliminadas. Debemos ayudar en la casa. La habitación debe ser preparada» (pág. 133).

«Lo que más desea una mujer de un hombre es *ternura*. Lo que más desea un hombre de una mujer es *respuesta*» (pág. 107). ¿En qué aspectos está usted de acuerdo con esta afirmación? ¿En qué aspectos está usted en desacuerdo con esta afirmación?

_____
_____
_____
_____
_____

Todos tenemos inseguridades. ¿Cuáles son algunas de las inseguridades más íntimas que usted tiene con relación al sexo? Comparta su respuesta con su cónyuge.

_____

_____

_____

_____

_____

_____

Las tres sexpectativas

La sexpectativa de la frecuencia (cada cuánto tiempo tienen relaciones sexuales)
La sexpectativa de la duración (cuánto dura la relación sexual)
La sexpectativa del desempeño (cómo se desempeña su cónyuge)

Para la mayoría de las personas, las expectativas van mucho más allá de la habitación. Usted puede tener expectativas sobre la vida, el futuro o el crecimiento personal. Es posible que tenga expectativas sobre usted mismo, su cónyuge o sus amigos de las que incluso no es consciente.

En el siguiente espacio, escriba las expectativas que tiene sobre usted mismo.

_____

_____

_____

_____

_____

En el siguiente espacio, escriba las expectativas que tiene sobre su cónyuge.

_____

_____

_____

_____

_____

¿Sus expectativas son realistas y sanas? Aparte un momento para orar. Pregúntele a Dios si debe hacer algún cambio en sus expectativas. Escriba los cambios necesarios.

_____

_____

_____

_____

_____

_____

_____

_____

_____

«Cuando nuestra experiencia es cercana a lo que anticipamos, somos más fuertes y nos sentimos más contentos. Eso fortalece nuestra capacidad de seguir amando. No obtante, a menos que hablemos de esas cosas y saquemos nuestras expectativas a la luz, nuestros deseos no van a ser conocidos, y puede que nos encontremos enfrentando un abismo entre nuestros deseos y nuestra realidad, un abismo que agota nuestra energía» (pág. 123).

Aunque las expectativas sean sanas, pueden volverse nocivas cuando les permitimos controlarnos o permitimos que nuestra respuesta a ellas nos controle. Siempre que hay un abismo entre lo que esperamos y lo que recibimos, podemos experimentar frustración y decepción. ¡Pero también tenemos la oportunidad de experimentar la gracia y extenderla a los demás!

¿De qué forma la gracia y la redención son demostradas en los siguientes versículos?

Proverbios 4:18

_____

_____

_____

_____

_____

_____

2 Corintios 3:18

_____

_____

_____

_____

2 Tesalonicenses 1:3

_____

_____

_____

_____

_____

_____

Como cristianos, Dios nos llama a estar contentos en todas las circunstancias. Debemos encontrar alegría y satisfacción en aquel que no nos dejará ni nos abandonará. ¿Qué recomiendan los siguientes versículos para tener una vida contenta y satisfecha?

Salmo 37:4

_____

_____

_____

_____

_____

_____

Isaías 58:10-11

_____

_____

_____

_____

_____

Juan 6:35

_____

_____

_____

_____

_____

_____

Cultive la creatividad

Cuando alguien combina las palabras «creatividad» y «sexo», muchas personas piensan en cosas torcidas o pervertidas. ¡Pero eso no debe ser así! La creatividad es sana en la relación matrimonial. La creatividad ayuda a aumentar la fascinación y la intriga. Enciende la emoción del amor joven. Y hace que los cónyuges se acerquen más y haya mayor intimidad.

Una de las claves para cultivar la creatividad es compartir no solo las necesidades, sino también los deseos. Lea 1 Corintios 7:2-5. Haga una lista de las cuatro instrucciones específicas que se dan en este pasaje.

1._____

2._____

3._____

4._____

¿De qué forma estas instrucciones ayudan a las parejas a protegerse contra el pecado sexual?

_____

_____

_____

_____

_____

_____

_____

¿Cuándo fue la última vez que compartió una necesidad sexual con su cónyuge? ¿Cuál fue la respuesta?

_____

_____

_____

_____

_____

_____

_____

_____

¿Qué puede hacer para propiciar un ambiente en el que tanto usted como su cónyuge se sientan cómodos hablando sobre el sexo más a menudo?

_____

_____

_____

_____

_____

_____

_____

_____

«La creatividad exige mucho esfuerzo, pero la recompensa es enorme. Creemos que la creatividad y la excelencia honran a Dios e inspiran a las personas ... ¿Alguna vez sintió que camina sin rumbo? Esa pérdida del romance y ese caminar sin rumbo son resultado de la rutina. La razón por la que el romance parecía tan emocionante al principio es que era nuevo y fresco» (pág. 142).

Para cultivar la creatividad se requiere de una comunicación estupenda. Sentarse y hablar de los asuntos y temas de la vida —especialmente del área sexual— puede ayudar mucho a crear un ambiente de confianza y comodidad en el que pueda florecer la creatividad.

A continuación encontrará algunas preguntas muy buenas para discutir con su cónyuge. Discútanlas una por una. ¡Aunque estas preguntas no son apropiadas para discutir en grupo, pueden ayudar a cultivar la creatividad en su matrimonio!

¿Prefieres estar arriba o abajo?

_____
_____
_____
_____
_____

¿Qué posición prefieres?

_____
_____
_____
_____
_____

Completa la siguiente frase: *Prefiero cuando tú...*

_____
_____
_____
_____
_____

Completa la siguiente frase: *No me gusta tanto cuando tú...*

_____
_____
_____
_____
_____

¿Cuántas veces a la semana te gustaría tener relaciones sexuales? ¿Cuántas veces a la semana sería razonable tener relaciones sexuales?

_____
_____
_____
_____
_____

_____
_____

¿Algo de lo que yo hago te hace sentir incómodo(a)?

_____
_____
_____
_____
_____

¿Algo de lo que yo digo —incluso cuando conversamos— te hace sentir poco atractivo(a)?

_____
_____
_____
_____
_____

¿Hay algo nuevo que te gustaría que yo hiciera para preparar la habitación?

_____
_____
_____
_____
_____

¿Hay algo nuevo que te gustaría probar en el área sexual?

_____
_____
_____
_____
_____

Para cultivar la creatividad en la relación sexual se necesita antes que todo cultivar la honra y la seguridad en el matrimonio. Eso quiere decir no contarle a nadie nada que su cónyuge no quiera que cuente. Recuerde que lo que sucede dentro de la habitación es entre usted y su cónyuge. Si va a contar algo de lo que sucede en la habitación, debe pedirle permiso a su pareja antes.

Hebreos 13:4 dice: «Tengan todos en alta estima el matrimonio y la fidelidad conyugal». ¿Cree usted que la confianza en su relación sexual debe ser renovada de alguna forma? Si es así, hable con Dios y con su cónyuge sobre este asunto y luego escriba algunas de las áreas en las que deben trabajar.

_____
_____
_____
_____
_____
_____
_____
_____

Para recordar

Algunas veces las parejas pierden la fascinación y la curiosidad que alguna vez los unió. La buena noticia es que usted puede renovar el asombro y la emoción. Al honrarse mutuamente y edificar la seguridad en el matrimonio, se crea de modo natural un ambiente de intimidad que genera una vida sexual estupenda.

Honra ➡ Seguridad ➡ Intimidad ➡ Sexo

Al afirmarse mutuamente con palabras y servirse el uno al otro, se eleva naturalmente la temperatura en la relación. Tener expectativas realistas y cultivar la creatividad ciertamente es algo que lleva a una vida sexual estupenda. En la siguiente sesión descubrirá las dimensiones espirituales del sexo y cómo su relación personal con Dios afecta su relación con su cónyuge. A fin de prepararse para la siguiente sesión, lea el capítulo 10 de *El lenguaje del sexo.*

Manos a la obra

Escoja por lo menos una de las siguientes actividades recomendadas para llevarla a cabo durante la próxima semana. Puede considerar la posibilidad de compartir con sus amigos y compañeros del grupo pequeño el impacto que esta actividad tiene en usted y su relación con su cónyuge.

1. Escríbale a su cónyuge una nota de amor basada en las Escrituras

¿Cuándo fue la última vez que le escribió una nota de amor a su cónyuge, solo para hacerle saber lo que estaba pensando y sintiendo? Para avivar las cosas un poco más, lea el pasaje de Cantares 4:1-15 y reescríbalo con sus propias palabras para su cónyuge. Puede utilizar un papel especial o lapiceros de colores para hacer la nota de amor.

2. Escríbale a su cónyuge una invitación abierta

Escríbale a su cónyuge una tarjeta que diga: «Algo que nunca antes hemos probado, pero que estoy dispuesto a hacer es...» Deje ese espacio en blanco para que su cónyuge lo llene y le devuelva la tarjeta. Déle tiempo a su pareja. (Claves para recordar: Ambos deben sentirse cómodos con la idea y la misma no debe ir en contra de lo que dicen las Escrituras).

Las dimensiones espirituales del sexo

Capítulo 10 de *El lenguaje del sexo*

Las parejas que han estado felizmente casadas por muchos años por lo general describen la tendencia a pensar y responder de maneras similares. A veces, uno sabe lo que el otro está pensando sin que se digan una palabra. ¿Cómo sucede esto? En parte, viene de la familiaridad de vivir la vida juntos, pero también es una muestra del divino misterio que sucede cuando dos personas casadas comparten sus vidas. En el centro de la santa unión del matrimonio está el compromiso: un compromiso que se hace con el otro de por vida.

El acto del matrimonio no solo es físico y legal sino también espiritual. De la misma manera, el sexo no es solo un acto físico o emocional sino también espiritual. El sexo es una experiencia espiritual ya que dos personas se vuelven una. Es un misterio pero a la vez algo increíblemente hermoso.

El compromiso espiritual profundiza el nivel de conexión entre un hombre y una mujer, y por lo tanto profundiza el nivel de una vida sexual estupenda. Cuando estamos seguros en una relación correcta con Dios, tenemos una mejor capacidad para amar y ser amados. Nos sentimos libres para ser nosotros mismos. Todo se remite a aquella ecuación:

Honra ➡ Seguridad ➡ Intimidad ➡ Sexo

Cuando nos comprometemos con Dios y le pedimos que nos transforme y nos convierta en quienes realmente fuimos creados para ser, es decir, personas llenas de amor, compasión, gracia, fortaleza y esperanza, completamente comprometidas con Cristo, él nos equipa con todo lo que necesitamos para ser un estupendo cónyuge y amante. Aprendemos a honrar a nuestro cónyuge cuando aprendemos a honrar a Dios. Aprendemos a ofrecerle seguridad a nuestro cónyuge cuando descubrimos la seguridad que encontramos en Dios. Y a medida que aprendemos a dedicar tiempo para orar, estudiar la Palabra de Dios y compartir con otros seguidores de Jesús, descubrimos lo que es una relación íntima con Dios y estamos mejor preparados para tener una relación íntima con nuestro cónyuge. ¡Dios desea estar con nosotros a cada paso del camino!

Participar como pareja en actividades espirituales simples como orar, leer la Biblia y alabar con la música le agrega otra dimensión vibrante a la relación. A medida que crezcan la honra, la seguridad y la intimidad, tendrá una relación más satisfactoria y una mejor vida sexual.

Para empezar

¿Por qué cree usted que Dios diseñó el sexo como algo más que solo un acto físico?

_____

_____

_____

_____

_____

¿Qué actividades o disciplinas le ayudan a conectarse con Dios? ¿Qué le impide hacer esas actividades o disciplinas más a menudo?

_____

_____

_____

_____

_____

¿Le parece que su vida y su relación cambian cuando se toma el tiempo para leer la Biblia y orar? Explique. ¿Qué sucede cuando no se toma el tiempo para leer la Biblia y orar?

_____
_____
_____
_____
_____
_____
_____
_____

Introducción al DVD

«Gina Ogden, terapeuta sexual e investigadora de la Universidad de Harvard, es la autora del libro *Women Who Love Sex* [Las mujeres que aman el sexo]. Actualmente está estudiando la relación entre las mujeres, el sexo y la espiritualidad. Ella dice: "La clave para una satisfacción más profunda es conectar la sexualidad con la espiritualidad".[1] En otras palabras, la sexualidad y la espiritualidad van juntas. Las mujeres que se sitieron más satisfechas en el área sexual eran también las mujeres más espirituales. Cuando uno pasa por alto la dimensión espiritual que es parte natural del sexo, se pierde parte del placer» (pág. 159).

Un matrimonio estupendo se basa en la honra y la seguridad, lo que lleva a la intimidad y genera una vida sexual estupenda. En esta cuarta sesión, exploraremos las dimensiones espirituales del sexo y los cuatro compromisos espirituales que pueden transformar su relación. Observemos cómo Gary y Ted introducen este tema.

Discusión y estudio

Los cuatro compromisos espirituales
Hay cuatro compromisos espirituales que usted puede hacer y pueden tener un impacto en su matrimonio, sus relaciones y su vida. Estudiemos cada uno.

1. Renunciaré a la expectativa de que mi cónyuge va a suplir todas mis necesidades.

Aunque es posible que usted no espere conscientemente que su cónyuge supla todas sus necesidades, puede haber pequeñas maneras, incluso algunas no mencionadas, en que usted espera que su cónyuge supla sus necesidades. Quizás sea la necesidad de conversación, amistad, ánimo, valor o esperanza. Todas estas son necesidades válidas, pero crean un ambiente de dependencia cuando usted espera que una sola persona supla todo lo relacionado con una necesidad específica.

«Frecuentemente las parejas creen que su felicidad se basa en el otro. Sin embargo, nuestra felicidad real, nuestro verdadero gozo, se basa en nuestra relación individual con Dios. Las parejas por lo general dicen que necesitan ayuda con su matrimonio, como si no tuvieran problemas como individuos; es solo cuando ellos se juntan que sus problemas y pecados se manifiestan. Culpan al matrimonio de los problemas, pero los problemas estaban ahí antes de casarse» (pág. 168).

Dios no solo es el único que quiere llenar todas sus necesidades; ¡es también el único que puede hacerlo!

En la siguiente tabla, relacione con una línea los versículos con la promesa de Dios

Versículo	Promesa de Dios
Salmo 18:2	«El Señor da vista a los ciegos … sostiene a los agobiados … ama a los justos».
Salmo 49:15	El Señor es nuestra «roca … amparo … libertador … escudo … escondite».
Salmo 73:26	«El Señor … es refugio en el día de la angustia y protector de los que en él confían».
Salmo 146:8	El Señor redimirá nuestras vidas y nos llevará con él.
Nahúm 1:7	Dios es suficiente. Él «fortalece mi corazón; él es mi herencia eterna».

En el Sermón del Monte, Jesús deja claro que no desea que nosotros temamos por nada. En vez de eso, debemos volvernos a Dios, que es quien puede suplir todas nuestras necesidades. Lea Mateo 6:25-34. ¿Qué preocupaciones aparecen en este pasaje?

_____

_____

_____

_____

_____

De esas preocupaciones mencionadas antes, ¿hay algunas a las que usted sea particularmente susceptible?

_____

_____

_____

_____

¿Hay algunas preocupaciones que sean áreas de tensión o desacuerdo en su matrimonio?

_____

_____

_____

_____

¿Qué instrucción se da en Mateo 6:33 como el antídoto para las preocupaciones?

_____

_____

_____

_____

_____

¡Dios quiere que lo busquemos para todo! Cuando busca primero a Dios con sus necesidades y deseos, él se vuelve naturalmente la persona de la que usted depende. Se vuelve una fuente de esperanza y fortaleza para lo que tenga que enfrentar. Y eso hace que usted ya no ponga esa carga sobre su cónyuge. Su pareja ya no tiene que intentar llevar una carga que fue diseñada para que solo Dios la llevara.

2. Haré todo lo que pueda para buscar mi plenitud en Dios.

Hay muchas veces en la vida en las que uno puede buscar la plenitud en algo o alguien diferente a Dios. Uno puede distraerse fácilmente u ocuparse demasiado y perderse así la oportunidad de conectar con Dios cada día. Esto se demuestra claramente en dos parábolas que se encuentran en el libro de Mateo.

Lea Mateo 13:18-23. Según este pasaje, ¿qué daña las semillas que producen la cosecha?

_____

_____

_____

_____

_____

_____

_____

Lea Mateo 22:1-5. En este pasaje, ¿cómo respondieron los invitados a la fiesta de bodas?

_____

_____

_____

_____

_____

_____

_____

_____

En ambos pasajes descubrimos que es imposible dar fruto en nuestra vida lejos de Dios. Él es la fuente de nuestra existencia y nuestra redención. Es quien nos extiende una gran invitación a cada uno de nosotros: que tengamos una relación con él. No obstante, debemos buscar nuestra llenura en Dios y evitar esas cosas que nos distraen y ahogan la vida de Dios en nosotros.

«El verdadero secreto para crear más hambre en su cónyuge si él o ella no cree en Dios es permitirle ver en usted un modelo de alguien que se vuelve más como Dios, y además no hacerle ningún tipo de crítica por su comportamiento. La mayoría de las personas no conocen a alguien que haya guardado la Palabra de Dios dentro de su corazón y haya sido guiado a una transformación piadosa, o que se haya sometido al Espíritu Santo y recibido un poder sorprendente para amar y bendecir a los demás. Cuando estos dos hábitos son formados en usted, su cónyuge no creyente podrá descubrir la realidad de Dios y sus caminos. Cuando usted no critica a su cónyuge, se vuelve un testigo de un modelo real del poder transformador de Dios en acción» (pág. 164).

3. Asumiré el cien por ciento de la responsabilidad por mi caminar espiritual.

Es sorprendente lo fácil que es asignarle la responsabilidad de su caminar espiritual a alguien más. Usted puede pensar que sus padres, maestros, entrenadores, pastores o líderes de jóvenes son los que deben guiarlo a una relación más cercana con Dios. Pero la realidad es que depende sólo de usted. Usted es el responsable de estudiar la Biblia, orar, pasar tiempo en comunión con otros creyentes y crecer en su fe. No lo puede hacer solo; necesita que otros lo acompañen en el camino. Pero no puede culpar a los demás por sus propias fallas o pereza.

«Es necesario asumir la responsabilidad por su propio caminar espiritual. Usted debe identificar su propia necesidad de Cristo para llenar el vacío de su vida. Con ese primer paso empieza un camino, no una carrera. Frecuentemente nos gusta pensar que un cambio de vida es resultado de un bonito estudio bíblico de seis o trece semanas. Esto ha creado la idea errónea de que los cambios en la vida suceden rápidamente. Yo creo que un cambio real de modo usual es lento. Prefiero pensar en términos de años, no de semanas o meses. Esto debería motivar a una pareja a no pensar que su matrimonio va a ser perfecto o estará bien después de unas pocas sesiones con un pastor o consejero. Hay que darle tiempo» (pág. 167).

En el libro de Génesis leemos acerca de la primera vez que alguien le echó a otra persona la culpa espiritual. Lea Génesis 3:1-13. En este pasaje, ¿quién fue culpado por las malas decisiones?

_____

_____

_____

_____

_____

¿Por qué cree usted que la respuesta natural de Adán y Eva fue culpar a alguien más?

_____

_____

_____

_____

_____

¿A quién tiende a culpar usted cuando algo sale mal en su vida? ¿Y en su caminar espiritual?

_____

_____

_____

_____

_____

_____

Lea 1 Samuel 25. ¿Cómo asumió Abigaíl el cien por ciento de la responsabilidad por su caminar espiritual y personal? ¿Cuál fue su recompensa?

_____

_____

_____

_____

_____

El verdadero cambio empieza por dentro. No se trata de arreglar el exterior para estar presentable ante Dios. No funciona así. Se trata de cambiar por dentro, que es algo que solo Dios puede hacer. Él es el único que puede cambiar el corazón del hombre. Esto es liberador. ¡No solo para usted, sino también para su cónyuge! Ya no tiene que manipular, controlar, conquistar ni subyugar a su pareja. Puede dejar a Dios ser Dios.

4. Haré de Dios, y no de mi cónyuge, el centro de mi vida

¡Dios debe ser el centro de su vida! Es posible que esto signifique que usted tenga que hacer algún trabajo en su corazón para que él sea el centro. Hay muchas distracciones, ocupaciones y cosas del pasado que son resultado del pecado y el temor que nos pueden refrenar. Sin embargo, la Biblia nos da la clave para hacer de Dios el centro de nuestra vida. Se encuentra en el Salmo 119:11: «En mi corazón atesoro tus dichos para no pecar contra ti». Cuando empezamos a reemplazar los mensajes del mundo por los mensajes de Cristo a través de las Escrituras, no solo cambia su corazón, sino también sus prioridades.

Según Lucas 5:32, ¿qué esperanza tienen los que luchan para hacer de Dios el centro de su vida?

_____

_____

_____

_____

_____

Según Colosenses 3:16, ¿de qué formas prácticas puede usted guardar la Palabra de Dios en su corazón?

_____

_____

_____

_____

_____

_____

_____

«Cuando practicamos disciplinas espirituales sencillas como la oración, la alabanza y el compañerismo, nos sentimos plenos, y la paz de Cristo gobierna en nuestros corazones. Cuando nuestro enfoque está en Dios, nuestros cónyuges naturalmente disfrutan de nuestra llenura» (pág. 168).

Cuando Dios es el centro de su vida, las personas notan la diferencia, incluso su cónyuge. En 1 Pedro 3: 14-15 se nos dice: «¡Dichosos si sufren por causa de la justicia! "No teman lo que ellos temen ni se dejen asustar". Más bien, honren en su corazón a Cristo como Señor. Estén siempre preparados para responder a todo el que les pida razón de la esperanza que hay en ustedes».

¿Qué cree usted que Pedro quiso decir con «honren en su corazón a Cristo como Señor»?

_____

_____

_____

_____

_____

_____

¿Cuál diría usted que es la razón de «la esperanza que hay en ustedes»? Escriba algunas frases que describan lo que Dios ha hecho en su vida.

_____

_____

_____

_____

_____

_____

Para recordar

El sexo no es solo un acto físico. El sexo es un acto emocional, relacional y *espiritual*. Cuando usted y su cónyuge tienen una relación íntima con Dios, están mejor equipados y preparados para tener una relación íntima con el otro. Todo se remite a aquella ecuación:

Honra ➡ Seguridad ➡ Intimidad ➡ Sexo

Cuando usted crece en su relación con Dios, naturalmente atrae a los demás a crecer en su relación con Dios también. Y eso incluye a su cónyuge. En la siguiente sesión descubrirá cómo resolver el conflicto y proteger su matrimonio. Para prepararse, lea los capítulos 11 y 12 de *El lenguaje del sexo.*

Manos a la obra

Escoja por lo menos una de las siguientes actividades recomendadas para llevarla a cabo durante la próxima semana. Puede considerar la posibilidad de compartir con sus amigos y compañeros del grupo pequeño el impacto que esta actividad tiene en usted y su relación con su cónyuge.

1. Guarde la palabra en su corazón

Esta semana comprométase a memorizar por lo menos tres versículos. A continuación sugerimos algunos, pero puede utilizar otros.

> Dios es nuestro amparo y nuestra fortaleza, nuestra ayuda segura en momentos de angustia. Por eso, no temeremos aunque se desmorone la tierra y las montañas se hundan en el fondo del mar; aunque rujan y se encrespen sus aguas, y ante su furia retiemblen los montes (Salmo 46:1-3).

> Yo les he dicho estas cosas para que en mí hallen paz. En este mundo afrontarán aflicciones, pero ¡anímense! Yo he vencido al mundo (Juan 16:33).

> Que habite en ustedes la palabra de Cristo con toda su riqueza: instrúyanse y aconséjense unos a otros con toda sabiduría; canten salmos, himnos y canciones espirituales a Dios, con gratitud de corazón (Colosenses 3:16).

2. Haga un inventario espiritual

En oración, reflexione en las siguientes preguntas. Responda cada una de ellas.

¿Hay algo en este momento que lo esté apartando o distrayendo de su relación con Dios?

_____

_____

_____

_____

_____

¿Qué cambios debe hacer en su vida para poder crecer más en su relación con Cristo?

_____

_____

_____

_____

_____

¿Hay algún área de pecado con la que esté coqueteando? ¿Qué debe hacer para eliminar esa tentación de su vida?

_____

_____

_____

_____

_____

_____

¿Hay alguien que no haya perdonado en su casa? ¿En su oficina? ¿En la iglesia?

_____

_____

_____

_____

_____

_____

¿Dónde ha visto a Dios más activo en su vida? ¿Qué está haciendo para alimentar esa área de su vida?

_____

_____

_____

_____

_____

3. Comprométase a realizar actividades espirituales con su cónyuge

Si todavía no realiza actividades espirituales con su cónyuge regularmente, desarrollen un nuevo plan. A continuación hay algunas ideas para que empiecen:

- Oren juntos todas las noches antes de irse a dormir.
- Oren juntos en la mañana cuando despierten.
- ¡Ore por su cónyuge todos los días!
- Comprométanse a leer juntos un capítulo de la Biblia cada día.
- Lean el mismo libro espiritual. Aparten un tiempo para discutir lo que están aprendiendo.
- Miren una película que tenga un tema espiritual y discútanla después.
- Coloquen Biblias por toda la casa, en áreas de fácil acceso.
- Utilicen juntos un libro de oraciones regularmente.
- Únanse a un grupo pequeño o un estudio bíblico.
- Ofrézcanse de voluntarios para servir a otros.
- Vayan a un viaje de misiones al exterior.
- Visiten sitios cristianos populares en la internet e impriman artículos para discutir.
- Lean juntos secciones de un libro de promesas bíblicas.
- Estudien juntos la Biblia.

Notas

1. Gina Orden, citada en «Sex and Spirituality», Oprah.com, /2007, http://www.oprah.com/relationships/relationships_content.jhtml?contentId=con_20020916_sexspirit.xml&section=Sex&subsection=Sex (visitado en noviembre de 2007).

Cómo resolver los conflictos y proteger el matrimonio

Capítulos 11-12 de *El lenguaje del sexo*

¿Alguna vez vio la película *Harry el sucio* protagonizada por Clint Eastwood? ¿Recuerda la escena en la que el malo se está escapando y Clint Eastwood salta al capó del auto? Sin importar lo que suceda, él se agarra fuertemente del auto. Él, o más bien su doble, vuela por todo el lugar, pero no se cae. Esa escena muestra lo que Dios quiere para el matrimonio. Él quiere que estemos juntos en las duras y en las maduras, en las buenas y en las malas.

Años atrás, cuando dos personas se casaban, los invitados eran parte de la ceremonia. Eran invitados no solo para disfrutar de la celebración, sino también como testigos del pacto del matrimonio que la novia y el novio estaban haciendo. Se comprometían a apoyar el matrimonio y a ayudar al novio y la novia a permanecer casados durante toda la vida. Actualmente, cuando yo (Ted) realizo bodas, les recuerdo a los asistentes el papel tan importante que juegan. Le recuerdo al padrino que no solo es el padrino, sino el mejor amigo. Eso quiere decir que tiene que estar al lado del novio y apoyar el matrimonio. Le recuerdo a la madrina que también tiene un papel crucial para apoyar el matrimonio. Les recuerdo a los padrinos que cuando las cosas se pongan difíciles en la relación matrimonial, ambos deben intervenir y motivar a la novia y el novio a luchar por su matrimonio y protegerlo. Y les recuerdo a los que asisten a la ceremonia que también tienen un papel importante porque deben apoyar y motivar a la pareja.

Tarde o temprano, en todo matrimonio se presentan conflictos. No obstante, cuando usted basa la relación en el compromiso, ese compromiso lo lleva a sobreponerse al conflicto y buscar una solución. Algunas veces no es fácil. Muchas veces me he sentido frustrado con mi esposa, pero debido al compromiso de nuestra relación, sé que debo solucionar las cosas. Cuando aprendemos a perdonar y buscar la reconciliación, desarrollamos las habilidades que necesitamos para resolver bien los conflictos. La pregunta para cada pareja no es: *¿Cuándo se va a presentar un conflicto?*, sino: *¿Cómo resolverlo cuando se presente?*

La resolución de conflictos no es la única habilidad que se debe desarrollar en un matrimonio sano. También debe aprender a guardar y proteger la relación con su cónyuge. Eso significa ser proactivo contra los predadores que intentan dañar su matrimonio y el compromiso con su cónyuge.

En esta sesión, exploraremos formas adecuadas de resolver el conflicto y mantener la seguridad y la honra que ha edificado en el matrimonio. Además, vamos a examinar a los predadores que pueden atacar su matrimonio y la manera de defenderse de ellos.

Para empezar

¿Cuándo fue la última vez que tuvo conflictos con su cónyuge? ¿Cuál fue la causa del conflicto? ¿Había un problema mayor detrás del conflicto?

_____

_____

_____

_____

_____

_____

_____

Cómo resolver los conflictos y proteger el matrimonio

¿Qué tipo de cosas pueden debilitar o dañar un matrimonio?

_____

_____

_____

_____

_____

_____

_____

_____

_____

_____

¿Qué está usted haciendo en este momento para proteger su matrimonio de las fuerzas externas que pueden intentar debilitar o dañar su relación?

_____

_____

_____

_____

_____

_____

_____

_____

_____

_____

Introducción al DVD

Todo matrimonio tiene conflictos. La pregunta es cómo responden su cónyuge y usted cuando se presenta el problema. Cuando usted desarrolla formas correctas de resolver el conflicto, protege la honra y la seguridad que hacen que su relación sea buena. Y cuando protege de manera proactiva su matrimonio de los predadores, puede tener el matrimonio y la vida sexual que siempre ha querido. En esta quinta sesión descubrirá lo que la Biblia dice sobre cómo resolver el conflicto y proteger su matrimonio sabiamente. Observemos cómo Gary y Ted introducen estas ideas.

77

Discusión y estudio

El compromiso que usted hace con su cónyuge el día de la boda es uno de los compromisos más importantes de su vida. Se convierte en la base de su matrimonio y su familia.

Mi hija Corynn (de Ted), de tres años de edad, todavía no sabe manejar sus emociones cuando me muestro afectuoso con mi esposa en la cocina. Siempre que la abrazo y la beso, Corynn grita: «¿Qué haces, papi? ¡Déjala tranquila!»

Yo le explico: «¡Le estoy mostrando a tu mamá cuánto la amo!»

¡Tan pronto como oye esas palabras, quiere meterse en medio de nosotros! Entonces mi esposa y yo empezamos a abrazar y besar a nuestra hija hasta que no puede parar de reírse. Nos encanta hacer eso, y a juzgar por la sonrisa en su rostro, a ella también le encanta.

Algunas veces las personas se ven tentadas a romper el compromiso que hicieron el día de la boda. Ven el divorcio como una salida fácil e incluso se creen la mentira de que los hijos van a estar mejor si los padres se separan. ¡Pero eso es un engaño! Los niños son más felices cuando sus padres están juntos y les dan seguridad.

Cuando los esposos se divorcian, ¿quién sale herido en la ruptura? Haga una lista de las personas que salen heridas.

_____

_____

_____

_____

_____

La clave de toda resolución de conflictos —sin importar qué tan significativos o triviales sean— es estar arraigado en una relación con Dios. Puede que usted tenga muchas habilidades para relacionarse con los demás, pero separado de una relación con Dios, es difícil y hasta imposible que haya un cambio duradero. La buena noticia es que no importa qué tan hostil pueda ser una relación, se puede encontrar una solución si ambas partes están dispuestas a resolver el conflicto y cambiar. Toma tiempo, pero Dios puede hacer milagros.

Lea Mateo 12:25. Según este pasaje, ¿cuál es el efecto de un conflicto no resuelto en una relación?

_____

_____

_____

_____

_____

_____

_____

_____

Los intrusos de la intimidad

Hay cuatro intrusos de la intimidad que aparecen cada vez que un conflicto se deja sin resolver. El primero es la intensificación. Es posible que un conflicto sea pequeño y fácil de solucionar, pero cuando aparece la intensificación, el problema se agranda de manera desproporcionada. Algo pequeño como el hecho de que la ropa sucia terminó cerca de la cesta y no dentro de ella de repente se vuelve algo muy importante y significativo, incluso cuando no lo es.

«La intensificación es un intruso que aparece callada pero rápidamente. Muchas veces la intensificación aparece porque hemos guardado nuestros sentimientos y emociones. En un solo momento, algo sucede y ¡pum!... dejamos salir todo. La intensificación funciona como un volcán. Uno nunca sabe cuándo va a hacer erupción, y por lo general no puede controlar lo que sale» (pág. 177).

Cuando se presenta un problema, sin importar qué tan pequeño sea, sus emociones se alimentan de situaciones similares que sucedieron en el pasado. La ira sin resolver sale a la luz en su respuesta. Antes de que se dé cuenta, el problema se vuelve desproporcionadamente grande.

¿Qué nos aconsejan los siguientes pasajes para resolver la ira?

Marcos 11:25

_____

_____

_____

_____

Efesios 4:25-27

_____

_____

_____

_____

_____

Efesios 4:31-32

_____

_____

_____

_____

_____

Santiago 1:19-21

_____

_____

_____

_____

_____

El segundo intruso son las *palabras duras.* Si la ira se deja pasar por alto, el conflicto puede intensificarse rápidamente y, antes de que se dé cuenta, puede terminar diciendo palabras crueles e hirientes. Tristemente, no se puede devolver el tiempo para borrar lo que dijimos. Por eso es tan importante ser consciente de no utilizar palabras duras.

¿Cuál es el consejo que dan los siguientes pasajes para evitar las palabras duras?

Proverbios 15:1

_____

_____

_____

_____

1 Timoteo 5:1

_____

_____

_____

_____

_____

Judas 14-16

_____

_____

_____

_____

_____

El tercer intruso es el *aislamiento*. Este intruso puede parecer inofensivo. Cuando se presenta el conflicto, usted puede sentirse tentado a cerrarse, salir corriendo o utilizar algún otro medio para evitar la situación. Pero eso no resuelve nada. De hecho, lo que hace es abrir la puerta para otros intrusos como la intensificación y las palabras duras. En vez de eso, debe estar listo para enfrentar el conflicto con oración, gracia y amor, sabiendo que cuanto antes maneje la situación, más sana será la relación.

«Aquellos que desean que se termine el conflicto suelen aislarse; ellos ni siquiera necesitan resolver el conflicto. Una persona que se aísla hará o dirá cualquier cosa para que el conflicto se detenga. Y todos los asuntos que quedan sin resolver siguen estando sobre la mesa» (pág. 178).

Lea Jonás 1:1-3. ¿Qué le mandó Dios a hacer a Jonás? ¿Cómo respondió él?

_____

_____

_____

_____

_____

_____

Todos tenemos diferentes formas de aislamiento. Algunos prefieren no decir ni una palabra, otros se ocupan en algo o simplemente ceden. La forma de aislamiento que Jonás eligió fue irse en un barco a una tierra lejana. ¿Cuáles son sus formas preferidas de aislamiento?

_____
_____
_____
_____
_____

Lea Jonás 1:4-17. Debido a su gran amor por el pueblo de Nínive y Jonás, el Señor simplemente no dejó que Jonás se aislara. ¿Cómo evitó el Señor que Jonás saliera huyendo?

_____
_____
_____
_____
_____

¿Cómo puede su cónyuge o las personas que lo rodean ayudarle a no aislarse?

_____
_____
_____
_____
_____

¿Cómo puede ayudar usted a su cónyuge o a las personas que lo rodean a no aislarse?

_____
_____
_____
_____
_____

El cuarto intruso es la *suposición*. Usted permite que las suposiciones invadan su relación cuando no se toma el tiempo de hablar o comunicar los problemas, sino que empieza a imaginarse lo que la otra persona está pensando o haciendo. Esto es peligroso, porque permite que el conflicto no solo se presente, sino que quede sin resolver. Una vez que aparecen las suposiciones en la relación, es solo cuestión de tiempo antes de que aparezcan los demás intrusos: la intensificación, las palabras duras y el aislamiento.

Lea Lucas 10:38-42. ¿Qué suposiciones cree que hizo Marta sobre María? ¿Qué suposiciones cree usted que hizo María sobre Marta?

_____

_____

_____

_____

_____

_____

¿Qué intrusos se ven en este pasaje?

_____

_____

_____

_____

_____

_____

¿Cómo respondió Jesús? ¿De qué manera la respuesta de Jesús es un modelo para nosotros?

_____

_____

_____

_____

_____

_____

_____

¿Qué aconsejan los siguientes pasajes para resolver los conflictos?

Mateo 5:44

_____
_____
_____
_____
_____

Mateo 18:21-22

_____
_____
_____
_____
_____

Colosenses 3:13

_____
_____
_____
_____
_____

1 Pedro 3:9-10

_____
_____
_____
_____
_____

«En ninguna parte de la Biblia encontramos que pelear, gritar o quedarse callado es la solución a un conflicto. Sencillamente esas cosas no funcionan. Dios no lo ha capacitado para cambiar el corazón de su cónyuge. Ese poder lo tiene solo él. No obstante, Dios lo invita a amar y servir a la persona con la que usted se casó, y a mostrarle las características divinas a esa persona» (págs. 183-184).

Los cinco temidos predadores sexuales

Además de evitar a los intrusos en la relación, es importante saber cuáles son los predadores que intentarán atacar y dañar el compromiso del matrimonio. Estos predadores quieren que usted rompa los votos matrimoniales y que sucumba ante la lujuria, una aventura e incluso el divorcio.

El primer predador es *la falta de intimidad*. Cuando usted y su cónyuge no se sienten conectados íntimamente, se abre la puerta a buscar la llenura en otros lugares y con otras personas. El segundo predador es la *fantasía*. Cuando usted permite que su imaginación vuele hacia una persona diferente a su cónyuge, este predador empieza a tomar el control de su mente. Una vez que empieza a imaginarse con otra persona, por lo general no pasa mucho tiempo antes de que entre en escena el siguiente predador: el *encuentro intencional*. Usted empieza a buscar un momento en la iglesia, el trabajo o el barrio para encontrarse con esa persona. Y cuando sucede esto, le abre la puerta al cuarto predador: la *expresión*. Usted empieza a expresarles sus pensamientos y sentimientos a la otra persona; y antes de que se dé cuenta, lo atrapa el quinto y último predador: el *acto en sí*. Aquí ha cruzado todos los límites y roto los votos matrimoniales.

La Biblia aclara que aunque vamos a enfrentar la tentación y los intrusos en nuestra relación, no los enfrentaremos solos. Dios está con nosotros y quiere protegernos.

Lea Mateo 4:1-11. En este pasaje, ¿qué utilizó Jesús para protegerse de la tentación?

_____

_____

_____

_____

_____

_____

_____

_____

¿Qué recomiendan estos versículos para protegerse de la lujuria y la tentación?

Job 31:1

_____

_____

_____

_____

Proverbios 6:20-24

_____

_____

_____

_____

Proverbios 6:25-26

_____

_____

_____

_____

Mateo 6:13

_____

_____

_____

_____

Debido a que es cierto que tanto hombres como mujeres pueden caer en la inmoralidad, todos debemos reconocer a los destructores y aprender a evitar una caída. Es como dice Pablo: «No ignoramos sus artimañas [las del diablo]» (2 Corintios 2:11); y Pedro lo corrobora: «Su enemigo el diablo ronda como león rugiente, buscando a quién devorar» (1 Pedro 5:8). Aunque el diablo no puede tomar su alma porque usted está seguro con Jesús, sí puede llevarlo al punto en el que sienta descalificado, distraído y perdido.

En Génesis 39, leemos la historia de José y la esposa de Potifar. Él pudo haber tenido un encuentro íntimo con ella, pero se rehusó a hacerlo. Lea Génesis 39:6-12. ¿Qué hizo José para guardar y proteger su pureza?

_____

_____

_____

_____

_____

_____

_____

¿Hay actualmente algún predador que esté atacando su matrimonio? ¿Qué pasos debe dar, como José, para huir?

_____

_____

_____

_____

_____

_____

_____

Para recordar

El conflicto es inevitable, pero usted puede desarrollar las habilidades para resolverlo con gracia y amor. Cuando aprende a resolver el conflicto en su matrimonio, preserva la honra, la seguridad y la intimidad. Aunque su relación matrimonial sea más profunda cada vez, todavía tiene que cuidarse de los intrusos y los predadores que dañan su matrimonio. ¡Sin embargo, vale la pena!

Vale la pena preservar y proteger su relación. En la siguiente sesión hablaremos de algunas de las preguntas más importantes y comunes sobre el matrimonio, las relaciones y el sexo, y daremos respuestas prácticas basadas en la Biblia. Para prepararse, lea el apéndice de *El lenguaje del sexo*.

Manos a la obra

Escoja por lo menos una de las siguientes actividades recomendadas para llevarla a cabo durante la próxima semana. Puede considerar la posibilidad de compartir con sus amigos y compañeros del grupo pequeño el impacto que esta actividad tiene en usted y su relación con su cónyuge.

1. Planee una reestructuración trimestral del matrimonio (RTM)

Con tantas ocupaciones en la vida, es fácil dejar que algunos asuntos queden sin resolverse. Ya sea que los asuntos estén relacionados con la crianza, las cuentas, la planeación, el interés sexual o los oficios de la casa, de algunos ni se habla. Por eso es importante tener un tiempo regular de reunión en un lugar en el que sea seguro para usted y su cónyuge hablar de los diferentes temas. Amy y yo (Ted) les llamamos a estas reuniones reestructuraciones trimestrales del matrimonio (RTM). Aproximadamente cuatro veces al año nos sentamos y hablamos de todo lo que hay en nuestros corazones, mentes y horarios. Exploramos los problemas que hay detrás de los problemas y al final de nuestro tiempo juntos, que puede durar entre treinta minutos y varias horas, nos sentimos más conectados y entendemos mejor la posición del otro.

En esta semana planee una reestructuración trimestral del matrimonio con su cónyuge. Dígale a su cónyuge con algunos días de anticipación que van a hacer esa reunión para que puedan pensar en oración los problemas y detalles que pueden estar escondidos debajo del tapete en el afán de la vida. Empiecen el tiempo orando. Comprométanse a escucharse verdaderamente, a hablar con amor pensando cada palabra, y a saber que la meta de este tiempo es fortalecer la relación.

2. Pídale a Dios que le revele cualquier intruso o predador que haya en su vida

En esta sesión exploramos los intrusos (intensificación, palabras duras, aislamiento y suposiciones) así como los predadores (la falta de intimidad, la fantasía, el encuentro intencional, la expresión y el acto en sí). Tome unos momentos para considerar en oración cada una de esas áreas.

¿Hay algún intruso al que usted sea particularmente propenso? ¿Hay algún pre-dador en su vida con el que deba tratar? Si es así, es posible que necesite ayuda. Considere la opción de unirse a un grupo al que pueda dar cuentas de sus actos o de buscar un consejero basado en la Biblia. Nunca es demasiado tarde para empezar a proteger su matrimonio y luchar por él.

3. Memorice tres pasajes bíblicos para proteger su mente de la lujuria

Guarde en su corazón los siguientes tres pasajes en esta semana. Dígalos en voz alta varias veces cada día.

> Ustedes no han sufrido ninguna tentación que no sea común al género humano. Pero Dios es fiel, y no permitirá que sean tentados más allá de lo que puedan aguantar. Más bien, cuando llegue la tentación, él les dará también una salida a fin de que puedan resistir (1 Corintios 10:13).

> Es más, todo lo considero pérdida por razón del incomparable valor de conocer a Cristo Jesús, mi Señor. Por él lo he perdido todo, y lo tengo por estiércol, a fin de ganar a Cristo y encontrarme unido a él. No quiero mi propia justicia que procede de la ley, sino la que se obtiene mediante la fe en Cristo, la justicia que procede de Dios, basada en la fe (Filipenses 3:8-9).

> Por último, hermanos, consideren bien todo lo verdadero, todo lo respetable, todo lo justo, todo lo puro, todo lo amable, todo lo digno de admiración, en fin, todo lo que sea excelente o merezca elogio (Filipenses 4:8).

Respuestas a las preguntas más importantes

Apéndice en de *El lenguaje del sexo*

Hay muchas preguntas relacionadas con el matrimonio, las relaciones y el sexo. Una de las preguntas más comunes que nos hacen es sobre la sumisión entre el esposo y la esposa. La pregunta surge debido al siguiente pasaje en Efesios 5:

> Esposas, sométanse a sus propios esposos como al Señor. Porque el esposo es cabeza de su esposa, así como Cristo es cabeza y salvador de la iglesia, la cual es su cuerpo. Así como la iglesia se somete a Cristo, también las esposas deben someterse a sus esposos en todo.
> Esposos, amen a sus esposas, así como Cristo amó a la iglesia y se entregó por ella para hacerla santa. Él la purificó, lavándola con agua mediante la palabra, para presentársela a sí mismo como una iglesia radiante, sin mancha ni arruga ni ninguna otra imperfección, sino santa e intachable. Así mismo el esposo debe amar a su esposa como a su propio cuerpo. El que ama a su esposa se ama a sí mismo, pues nadie ha odiado jamás a su propio cuerpo; al contrario, lo alimenta y lo cuida, así como Cristo hace con la iglesia, porque somos miembros de su cuerpo. «Por eso dejará el hombre a su padre y a su madre, y se unirá a su esposa, y los dos llegarán a ser un solo cuerpo». Esto es un misterio profundo; yo me refiero a Cristo y a la iglesia. En todo caso, cada uno de ustedes ame también a su esposa como a sí mismo, y que la esposa respete a su esposo (v. 22-33).

Las esposas preguntan por qué se les manda a someterse a sus esposos. Leen la primera parte del pasaje y no leen el resto. Sí, a las esposas se les manda someterse a sus esposos, pero a los esposos se les ordena morir, deben dar su vida por sus esposas. Es como la pregunta sobre quién se sacrifica más para un desayuno de huevos con jamón... ¿el cerdo o la gallina? Seguro que el cerdo; él es el que tiene que morir. La gallina solo pone los huevos. Lo mismo sucede en el matrimonio.

No obstante, la pregunta de la sumisión no es la única que nos hacen. También nos preguntan sobre los diferentes deseos sexuales de los hombres y las mujeres. Tratamos de explicar las diferencias con la siguiente imagen verbal:

Si usted va a disfrutar de una rica comida en la noche hecha en un horno eléctrico, no hay nada mejor que costillitas con salsa agridulce cocinadas durante doce horas. Como me encanta la buena parrilla, he aprendido que no hay forma de llegar a casa a las cinco y media de la tarde, colocar los ingredientes en la olla, y esperar tener unas deliciosas costillitas cocinadas a fuego lento a las seis de la tarde. De la misma forma, las mujeres se toman su tiempo para prepararse lentamente en el área sexual. No se excitan instantáneamente. Por el contrario, los hombres están listos en solo un momento. Son como la comida rápida o la comida para microondas. Una de las mejores formas de entender las diferencias sexuales entre los hombres y las mujeres es reconociendo el tiempo que a cada uno le toma prepararse.

En esta última sesión, vamos a examinar algunas de las preguntas más comunes que se generan en lo relacionado con el matrimonio, las relaciones y el sexo.

Preguntas de discusión para empezar

Si pudiera hacerle a un médico una pregunta sobre sexo, ¿qué le preguntaría?

_____

_____

_____
_____
_____
_____
_____
_____

Si pudiera hacerle a un consejero una pregunta sobre el sexo o su matrimonio, ¿qué le preguntaría?

_____
_____
_____
_____
_____
_____

¿A dónde suele ir cuando tiene alguna pregunta sobre el sexo, el matrimonio o las relaciones?

_____
_____
_____
_____
_____
_____

Introducción al DVD

Todos tenemos preguntas sobre el matrimonio, las relaciones y el sexo. Algunas veces es difícil saber a dónde ir para encontrar las respuestas. La Biblia debe ser nuestra base y fuente, pero también hay muchos recursos externos, como los consejeros, los pastores, los médicos y los amigos, que nos pueden ayudar en el camino. En esta última sesión, exploraremos algunas de las preguntas más importantes sobre el matrimonio y el sexo y lo que la Biblia dice sobre estas cuestiones. Observemos cómo Gary y Ted introducen este tema.

Discusión y estudio

Una de las preguntas que generalmente nos hacen es: *¿Cómo puedo ayudar a mi cónyuge en su caminar espiritual?* La clave para esto se encuentra en Efesios 5. Lea Efesios 5:1-2. ¿Qué instrucción se nos da con relación a la forma en que debemos vivir? Debemos «imitar a Dios» como sus hijos y «llevar una vida de amor». Debemos dar nuestra vida por nuestro cónyuge.

¿Qué significa «dar nuestra vida por nuestro cónyuge»?

_____

_____

_____

_____

_____

_____

_____

¿Qué impacto tiene en la actitud de su cónyuge el hecho de que usted lo sirve y lo ama? ¿Y en la forma en que su cónyuge le responde? ¿Y en su caminar espiritual?

_____

_____

_____

_____

_____

_____

_____

Según Romanos 8:29, la meta de nuestras vidas es ser transformados a la imagen de Jesús. Es un proceso, no un acontecimiento que ocurre una sola vez o sucede de un día para otro. Y las personas que nos rodean, incluyendo nuestro cónyuge, ven esa transformación de primera mano. Una de las mejores cosas que puede hacer por el caminar espiritual de su cónyuge es empezar a orar. En vez de hablar de su fe, empiece a vivirla a través del servicio, el amor, la amabilidad y las buenas obras. Entregue su propia vida. Pídale a Dios que lo transforme a la imagen de su Hijo. Sin darse cuenta, descubrirá que el crecimiento espiritual es más contagioso de lo que se imaginaba.

Otras preguntas que nos hacen frecuentemente tienen que ver con la falta de satisfacción en el sexo. La esposa o el esposo no se sienten satisfechos; quieren más. Y aunque el deseo debe ser expresado, también debe ser examinado. ¿Cuánto es suficiente? Si me comparo con un vaso vacío que espera ser llenado, ¿cuánto se necesita para llenarlo? Puedo llegar a creer que si conozco a la persona adecuada, esa persona me dará algo de agua, y el vaso se empezará a llenar un poco. Nos casaremos, lo que agrega un poco más de agua. Luego tendremos buen sexo, lo que llena el vaso hasta rebosar. ¿Cierto? Si tenemos un hijo, el vaso estará lleno. O quizás si tenemos más hijos, el vaso estará lleno. O quizás si pagamos por completo la casa, salimos de deudas, nos jubilamos o tenemos una semana más de vacaciones, el vaso estará lleno.

¿Si entiende la idea?

Si no está satisfecho con su matrimonio, su vida sexual o sus relaciones, es hora de buscar la causa en usted mismo. ¿Qué es lo que lo llena? ¿Dé dónde viene su satisfacción? ¿Cuánto es suficiente?

Según los siguientes pasajes, ¿cuál es el secreto de la satisfacción?

Salmo 37:7

95

Salmo 37:16

_____
_____
_____
_____
_____
_____
_____

Proverbios 16:8

_____
_____
_____
_____
_____
_____

El agradecimiento es un muy buen antídoto para la falta de satisfacción. Cuando usted aprecia lo que tiene en vez de sentirse infeliz por lo que no tiene, descubre un gozo y una satisfacción que no sabía que existían.

En la siguiente tabla, identifique *quién* fue agradecido y *cómo* lo demostró.

Pasaje bíblico	Persona agradecida	Cómo demostró la gratitud
1 Crónicas 29:10-13		
Daniel 2:17-23		
Lucas 2:36-38		

Una de las preguntas más populares y comunes que nos hacen es la relacionada con la pornografía. La inmoralidad sexual de todo tipo, incluyendo la pornografía, es uno de los grandes destructores del crecimiento espiritual y el matrimonio. Al tener relaciones sexuales, usted no quiere tener en su mente las imágenes de nadie más aparte de su cónyuge. Piénselo: ¡Cuando usted le hace el amor a su cónyuge en la oscuridad con los ojos cerrados, no quiere que su cónyuge piense en nadie más! Siempre que usted introduce la pornografía en el matrimonio, introduce una adicción que dañará su relación.

La Biblia es muy clara sobre la inmoralidad sexual. En los siguientes pasajes, ¿qué instrucción da la Biblia sobre la inmoralidad sexual?

1 Corintios 6:15

_____

_____

_____

_____

1 Corintios 6:18-20

_____

_____

_____

_____

1 Tesalonicenses 4:3

_____

_____

_____

_____

Hebreos 13:4

_____

_____

_____

_____

_____

_____

Otra pregunta que nos hacen comúnmente es sobre los errores sexuales cometidos en el pasado. Las personas que han cometido ese tipo de errores quieren saber cómo pueden dejarlos atrás. La buena noticia es que Dios, que es «fiel y justo, nos los perdonará y nos limpiará de toda maldad» (1 Juan 1:9). Eso significa que no importa lo que haya hecho en el pasado, nada está por fuera de su poder redentor.

En los siguientes versículos, ¿qué promesas encuentra con relación al pecado del pasado, el perdón y la redención?

Salmo 103:12

_____

_____

_____

_____

_____

_____

_____

Proverbios 28:13

_____

_____

_____

_____

_____

_____

_____

Isaías 1:18

_____
_____
_____
_____
_____
_____
_____

Isaías 43:25

_____
_____
_____
_____
_____
_____

2 Corintios 5:17

_____
_____
_____
_____
_____
_____

Efesios 1:5-7

_____
_____
_____
_____
_____
_____

Una pregunta que la gente no hace frecuentemente es: *¿Por qué el sexo y el matrimonio son tan estupendos?* La respuesta es: Porque Dios nos diseñó para disfrutar del matrimonio al apreciar y deleitarnos en el otro... física, emocional, relacional y espiritualmente.

Para recordar

¡Hay muchas preguntas sobre el matrimonio, las relaciones y el sexo, y usted no tiene que esforzarse por responderlas solo! La Biblia es una fuente increíble de sabiduría y consejo. Además, los pastores, los consejeros cristianos y otras personas pueden ayudarle a encontrar las respuestas que necesita. A medida que siga edificando la honra y la seguridad en su matrimonio, verá que se siente más conectado con su cónyuge cada día. A medida que florezca la intimidad, también lo hará el sexo, y podrá disfrutar a plenitud de los placeres que Dios diseñó para las parejas casadas.

Manos a la obra

Escoja por lo menos una de las siguientes actividades recomendadas para llevarla a cabo durante la próxima semana. Puede considerar la posibilidad de compartir con sus amigos y compañeros del grupo pequeño el impacto que esta actividad tiene en usted y su relación con su cónyuge.

1. Haga una lista de sus propias preguntas

Es posible que usted tenga algunas preguntas sobre el sexo, el matrimonio o las relaciones. Comprométase esta semana a buscar las respuestas por medio de una fuente sana como un médico, un consejero, un amigo confiable o un mentor. Es posible que quiera enviarnos sus preguntas por correo electrónico. Puede visitar Smalley Relationship Center en la Internet, visitando www.garysmalley.com o www.tedcunningham.com.

2. Hable con sus hijos sobre el sexo

Es posible que esté postergando hablar con sus hijos sobre el sexo. Puede que ya haya tenido una discusión embarazosa o le hayan hecho algunas preguntas difíciles.

Sin embargo, nunca es demasiado temprano para desarrollar un plan a fin de hablar con sus hijos sobre sexo y sexualidad. Si no trata el tema, es muy posible que alguien que sepa mucho menos que usted lo haga, quizás en los casilleros de la escuela. ¿Cómo puede hablar de sexo con sus hijos?

Tom Holladay, pastor de Saddleback Church en California, da buenas ideas para enseñarles a nuestros hijos lo relacionado con el sexo. Él cita Deuteronomio 6:6-7: «Grábate en el corazón estas palabras que hoy te mando. Incúlcaselas continuamente a tus hijos. Háblales de ellas cuando estés en tu casa y cuando vayas por el camino, cuando te acuestes y cuando te levantes».

En los mandamientos de Dios hay instrucciones sobre el sexo. ¡Holladay señala que dos de los Diez Mandamientos están relacionados con este tema! El secreto para hablarles de sexo a sus hijos es no hacerlo solo una vez, sino tener una conversación continua en la que se sientan cómodos al buscarlo a usted para hacer preguntas y encontrar la verdad. En algún momento en esta semana, siéntese y hable con su cónyuge sobre cómo su familia puede tratar los asuntos de la sexualidad más cómodamente por medio de un diálogo continuo en vez de tener una sola charla sobre cigüeñas y abejas. Dependiendo de la edad de sus hijos, lo motivamos a que empiece el diálogo.

3. Déle gracias a Dios

Una de las formas de honrar y glorificar a Dios es a través de la alabanza. Lea el Salmo 100. Pase unos minutos agradeciéndole a Dios por la forma en que hizo a su cónyuge. Luego, pase unos minutos dándole gracias por la forma en que él lo creó a usted. Finalmente, pase unos minutos agradeciendo a Dios por haberlos unido, por su matrimonio y su futuro juntos. Pídale a Dios que siga usándolo a usted y a su cónyuge para bendecir y animar a otras personas.

Guía para líderes

Las bases de la honra y la seguridad
Capítulos 1-3 de *El lenguaje del sexo*

Durante esta sesión, las parejas estudiarán los temas de la honra y la seguridad y el papel tan importante que juegan en el matrimonio y la vida sexual.

Para empezar
Cuando escucha la palabra «honra», ¿en qué piensa? Las respuestas pueden variar, pero por lo general, las palabras que les vienen a la mente a las personas son «respeto», «dar valor a algo», o «tratar extremadamente bien».

¿De qué maneras prácticas honra usted a su cónyuge? Las respuestas pueden variar, pero esta pregunta para romper el hielo tiene como objetivo resaltar las cosas buenas y amables que cada persona hace por su cónyuge.

¿De qué formas su cónyuge se siente más honrado? ¿Existe alguna diferencia entre la forma en que usted cree que su cónyuge se siente más honrado y la forma en que su cónyuge realmente se siente honrado? Si es así, explique. Las respuestas pueden variar, pero esta pregunta está diseñada para ayudar a los cónyuges a comunicarse y descubrir lo que realmente hace que cada uno se sienta más honrado y valorado. Es posible que los cónyuges se sorprendan con las respuestas.

Discusión y estudio
La honra es la base de toda buena relación, inclusive de nuestra relación con Dios. Fuimos llamados y creados para honrar a Dios. ¿De qué manera se le da honra a Dios en los siguientes versículos?

- Salmo 29:2: Aquí se le da al Señor la gloria que se le debe a su nombre, que significa honrarlo y conocer su valor. También se da honra a través de la alabanza y al atribuirle el valor que tiene. La frase «santuario majestuoso» implica que el salmista tiene sus ojos en Dios, que se centra en Dios.

- Salmo 107:32: Aquí se le da honra al hablar bien de Dios en público. Dios es honrado ante personas de todas las edades, incluso ancianos.

- Isaías 25:1: Aquí se le da honra a través de la afirmación verbal y el reconocimiento de lo que él ha hecho. El autor también reconoce los atributos específicos de Dios que aprecia, como la fidelidad.

Mencione cinco formas específicas en que usted honra a Dios en su propia vida. Las respuestas pueden variar, pero las personas honran a Dios al obedecer sus mandamientos, alabarlo, servirle y contar lo que ha hecho con un corazón agradecido. Honran a Dios al pasar tiempo con él, orar, escucharlo y buscarlo. Honran a Dios cuando concentran su atención y su corazón en Dios. Lo honran al amar a los demás.

Revise de nuevo los pasajes en los que se le da honra a Dios. Al reflexionar en los siguientes versículos, ¿de qué formas piensa usted que puede honrar a su cónyuge?

- Salmo 29:2: Así como a Dios se le da «la gloria que merece su nombre», podemos reconocer y apreciar lo que nuestro cónyuge hace. Algunas veces un simple «gracias» y reconocer sus servicios puede motivar mucho a su cónyuge. El salmista escribe: «Póstrense ante el Señor en su santuario majestuoso». En otras palabras, el salmista tiene sus ojos en Dios. También necesitamos tiempo para poner nuestros ojos en nuestro amado y hacerle saber cuánto lo valoramos y queremos. Debemos mirarlo a los ojos y mostrarle que valoramos lo que es y lo que Dios quiere que sea.

- Salmo 107:32: Así como Dios puede ser exaltado «en la asamblea del pueblo», podemos cerciorarnos de que las palabras que hablamos de nuestro cónyuge en público siempre estén llenas de gracia, amor y ternura. Podemos buscar oportunidades para contarles a los demás sobre las buenas obras de nuestro cónyuge, su carácter y ternura. Cuando hablamos bien de nuestro cónyuge sin que él o ella estén escuchando, por lo general se entera de lo que dijimos, y eso le recuerda nuevamente cuánto lo amamos y valoramos.

- Isaías 25:1: Así como el salmista reconoce: «Señor, tú eres mi Dios», nosotros también podemos tomarnos el tiempo de reconocer el papel de nuestro cónyuge en nuestra vida al decirle: «Eres el amor de mi vida», «Eres mi mejor amigo», «Eres mi tesoro», y «Eres mi deleite». Cuando elogiamos a nuestro cónyuge de maneras específicas, podemos literalmente cambiar el ambiente de la relación.

Lea Génesis 2:18. Observe que Dios no solo hizo «una ayuda», sino «una ayuda adecuada» para él. ¿Por qué cree usted que Dios fue tan cuidadoso en el diseño de una esposa para Adán? Las respuestas pueden variar, pero Dios diseñó específicamente a alguien perfecto para Adán. Si Dios se tomó tanto tiempo e hizo la creación con tanto cuidado, piense cuánto tiempo y cuidado tuvo al diseñar a Eva para Adán. Cuando Dios une a un hombre y una mujer, crea un cuadro hermoso.

¿Qué zorras están apareciendo en su relación con su cónyuge ahora mismo? ¿Hay zorras que deban atrapar y eliminar de su matrimonio? Muchas zorras pueden afectar una relación si no son atrapadas a tiempo. Algunas de ellas son la ira, la amargura, la falta de perdón, las ocupaciones y la falta de comunicación. Las zorras se pueden manifestar en asuntos como el dinero, el sexo, los familiares políticos o los estilos de crianza, cuando una pareja aborda un tema pero nunca encuentra la manera de resolverlo. Es importante atrapar a las zorras pronto y frecuentemente, antes de que dañen la honra y la seguridad que deben ser la base de todo matrimonio.

Lea Malaquías 2:10-16. ¿Por qué cree usted que Dios se opone completamente al divorcio? Dios se opone al divorcio porque hiere a todas las partes involucradas. No solo los cónyuges salen heridos en sus áreas emocional, espiritual, mental e incluso financiera, sino que el impacto que el divorcio tiene en los hijos a largo plazo es inmensurable. Además, el divorcio afecta el testimonio de una persona como seguidora de Dios. Se habla del perdón, la gracia y la reconciliación, pero no se vive en las familias y las relaciones. Dios se opone al divorcio, pero ama a la persona divorciada y ofrece gracia y restauración.

El matrimonio representa algo mayor que solo la unión entre un hombre y una mujer. También representa la relación de Dios con su pueblo, la iglesia. Según los siguientes pasajes bíblicos, ¿qué podemos aprender del deseo de Dios de tener una relación con nosotros?

- Isaías 62:5: Dios se regocija con nosotros con el tipo de alegría que sienten el esposo y la esposa.

- 2 Corintios 11:2: Dios nos cela con un celo santo. Cristo es nuestro esposo; se trata de una relación santa en la que nos debemos mantener puros.

- Apocalipsis 19:7: Este pasaje habla de una futura fiesta de bodas. La novia, la iglesia, se ha preparado.

- Apocalipsis 21:2: La ciudad santa, la nueva Jerusalén, es comparada con una «novia hermosamente vestida para su prometido».

Reflexione en su propio matrimonio. ¿Hay límites nocivos que estén dañando su relación? Las respuestas pueden variar, pero puede haber límites nocivos cada vez que se le dedica una proporción exagerada de tiempo, dinero y energía a algo. Puede haber límites nocivos en los horarios, el tiempo libre, los trabajos, las familias, las amistades y otras relaciones.

SESIÓN 2

Aprecie las diferencias y descubra la comunicación
Capítulos 4-6 de *El lenguaje del sexo*

Durante esta sesión, las parejas apreciarán las diferencias naturales que existen entre ellos y aprenderán a llevar la comunicación al siguiente nivel para promover la intimidad en su relación matrimonial.

Para empezar

En el siguiente espacio, escriba tres similitudes entres usted y su cónyuge. Pueden ser dones, talentos, debilidades, intereses, pasiones, visiones, sueños y esperanzas. Las respuestas pueden variar pero deben recordarles a cada pareja los intereses comunes, las pasiones y los sueños que comparten.

Ahora escriba tres diferencias entre usted y su cónyuge. Las respuestas pueden variar, pero las diferencias mencionadas deben ser apreciadas. Las personas tienen diferencias porque tienen talentos, dones y fortalezas únicas que le aportan a las relaciones.

¿De qué manera esas diferencias los complementan? ¿De qué manera esas diferencias les ayudan a equilibrar sus vidas? Esta pregunta es la base de las discusiones de esta sesión. Muchas veces tendemos a ver las diferencias como puntos que nos dividen en vez de puntos que nos conectan para vivir vidas mejores, más sanas y equilibradas juntos.

Discusión y estudio

Lea el Salmo 139:14-18. Haga una lista de todas las cosas que Dios ha hecho por nosotros y sabe de nosotros. Dios nos creó a cada uno de nosotros. Somos «una creación admirable» (v. 14). Él sabe todo de nosotros. Él ordenó nuestros días. Piensa en nosotros frecuentemente y de maneras más maravillosas de las que nos imaginamos. Dios está siempre con nosotros. No nos deja ni nos abandona.

107

Dios no solo sabe todo de nosotros; él desea que lo conozcamos. En los siguientes pasajes, ¿qué promesas se les dan a aquellos que buscan a Dios, a los que desean una relación íntima con él?

- Deuteronomio 4:29: Si buscamos a Dios con todo el corazón y con toda el alma, lo encontraremos.

- 2 Crónicas 7:14: Si el pueblo de Dios se humilla, ora, se arrepiente y busca a Dios, él oirá desde el cielo, perdonará sus pecados y sanará su tierra.

- Salmo 9:10: Dios nunca abandona a aquellos que lo buscan.

Reflexione en su relación matrimonial. ¿Qué tanto ha aumentado el nivel de intimidad con su cónyuge? En una escala de uno a diez, ¿qué tanto cree usted que conoce a su cónyuge? En una escala de uno a diez, ¿qué tanto cree usted que su cónyuge lo conoce? Las respuestas pueden variar, pero esta pregunta está diseñada para resaltar que siempre hay más que aprender sobre su cónyuge. Nunca va a saberlo todo; siempre hay más que descubrir. Una de las razones de esto es que Dios siempre nos está cambiando y moldeando. Como cristianos, no nos quedamos estancados; constantemente estamos creciendo y pareciéndonos más a Jesús a medida que tenemos una relación con él.

¿Qué tipo de actividades tienden a edificar la intimidad en su matrimonio? Las respuestas pueden variar, pero entre las actividades están caminar, practicar un deporte, ir de compras, servir a los demás, ser voluntarios en algo u otras actividades. Por lo general, pasar tiempo juntos y hablar promueve la intimidad.

¿Qué tipo de actividades tienden a dañar la intimidad en su matrimonio? Los conflictos, la ira, la falta de perdón, la amargura y las ocupaciones pueden dañar la intimidad en el matrimonio.

¿De qué manera las respuestas de su cónyuge al test anterior difieren de las suyas? ¿En qué áreas tienden a pensar parecido? Las respuestas pueden variar, pero esta pregunta está diseñada para ayudar a las parejas casadas a entenderse mejor.

1. *Los hombres tienden a descubrir y expresar los hechos, mientras que las mujeres tienden a expresar la intuición y sus emociones. ¿Piensa usted que esta diferencia es verdad en su matrimonio? Explique. ¿De qué forma puede hacer que esta área no sea tan problemática entre usted y su cónyuge y puedan valorar más esta diferencia?* Las respuestas pueden variar, pero esta pregunta está diseñada para que cada pareja descubra si esas diferencias se aplican a su matrimonio o no. Se espera que esta pregunta lleve a una mayor comprensión, comunicación e intimidad en la relación.

2. *Los hombres tienden a buscar soluciones, mientras que las mujeres tienden a buscar compasión, empatía y comprensión. ¿Piensa usted que esta diferencia es verdad en su matrimonio? Explique. ¿De qué forma puede hacer que esta área no sea tan problemática entre usted y su cónyuge y puedan valorar más esta diferencia?* Las respuestas pueden variar, pero esta pregunta está diseñada para que cada pareja descubra si esas diferencias se aplican a su matrimonio o no. Se espera que esta pregunta lleve a una mayor comprensión, comunicación e intimidad en la relación.

3. *Los hombres tienden a ser objetivos, mientras que las mujeres tienden a ser personales. ¿Piensa usted que esta diferencia es verdad en su matrimonio? Explique. ¿De qué forma puede hacer que esta área no sea tan problemática entre usted y su cónyuge y puedan valorar más esta diferencia?* Las respuestas pueden variar, pero esta pregunta está diseñada para que cada pareja descubra si esas diferencias se aplican a su matrimonio o no. Se espera que esta pregunta lleve a una mayor comprensión, comunicación e intimidad en la relación.

4. *Muchos hombres pueden separar lo que son de lo que los rodea, pero la casa es una extensión de la mayoría de las mujeres. ¿Piensa usted que esta diferencia es verdad en su matrimonio? Explique. ¿De qué forma puede hacer que esta área no sea tan problemática entre usted y su cónyuge y puedan valorar más esta diferencia?* Las respuestas pueden variar, pero esta pregunta está diseñada para que cada pareja descubra si esas diferencias se aplican a su matrimonio o no. Se espera que esta pregunta lleve a una mayor comprensión, comunicación e intimidad en la relación.

5. *Los hombres tienden a concentrarse más en lo básico, mientras que las mujeres tienden a concentrarse más en los detalles que conforman el gran cuadro. ¿Piensa usted que esta diferencia es verdad en su matrimonio? Explique. ¿De qué forma*

puede hacer que esta área no sea tan problemática entre usted y su cónyuge y puedan valorar más esta diferencia? Las respuestas pueden variar, pero esta pregunta está diseñada para que cada pareja descubra si esas diferencias se aplican a su matrimonio o no. Se espera que esta pregunta lleve a una mayor comprensión, comunicación e intimidad en la relación.

Lea Mateo 14:22-31, Mateo 26:69-75 y Juan 6:60-69. Reflexione en esos pasajes. ¿Cómo describiría a Pedro? ¿Cómo Dios usó a Pedro? Pedro era de naturaleza impulsiva. Siempre estaba listo para una aventura y, sin lugar a dudas, a veces era el alma de la fiesta. Pedro también se distraía fácilmente y no siempre era confiable. Sin embargo, él fue uno de los discípulos más cercanos a Jesús y experimentó la redención. A través de su tiempo con Cristo, él se volvió una «roca» (Mateo 16:18) y un evangelista sorprendente.

Lea Hechos 16:36-37, 20:25-37 y 2 Timoteo 4:7-8. Reflexione en esos pasajes. ¿Cómo describiría a Pablo? ¿Cómo Dios usó a Pablo? Pablo era fuerte, sincero y un líder innato. Deseaba la justicia y no se sentía avergonzado del evangelio. Era osado, motivador e inspirador. Incluso cuando sabía que el momento de su muerte estaba cerca, siguió siendo fiel. Trabajaba duro y estaba comprometido a llevar el evangelio lo más lejos que se pudiera. Dios usó a Pablo para ayudar a evangelizar y edificar la iglesia.

Es posible que usted no se dé cuenta de lo importantes que son las palabras en el matrimonio y las demás relaciones. Lea Proverbios 18:21. ¿Cuánto poder tienen las palabras? Según este pasaje, las palabras tienen poder de vida y muerte. ¡Eso es demasiado poder!

La Biblia nos brinda consejos prácticos y valiosos sobre cómo desarrollar buenas habilidades de comunicación. Estudie los siguientes pasajes. ¿Qué puede aprender de los siguientes versículos para mejorar sus habilidades de comunicación?

- Éxodo 20:16: La buena comunicación significa no hablar mal de nadie.

- Proverbios 15:28: La buena comunicación toma tiempo. Piense y deténgase antes de dar una respuesta.

- Proverbios 16:32: La buena comunicación significa controlar el temperamento y aprender a ser paciente.

- Proverbios 18:13: La buena comunicación significa tomarse el tiempo de escuchar verdaderamente antes de responder.

- Mateo 5:33-37: La buena comunicación significa cumplir con nuestra palabra.

- 1 Corintios 13:1: La buena comunicación significa que el amor sea la base de lo que se hable.

¿De qué manera la mala comunicación afecta sus relaciones? ¿Qué precio pagan los demás —Dios, la familia, los amigos y los compañeros de trabajo— cuando usted no se comunica o no escucha bien? La mala comunicación causa tensión, ira y confusiones innecesarias. La mala comunicación puede llevar a la desconfianza y las relaciones rotas. El costo es enorme en las relaciones y las vidas.

¿De qué manera comunicarse bien le ayudará a mejorar sus relaciones? ¿Y su matrimonio? Aprender a comunicarse bien puede transformar las relaciones a medida que el amor, la gracia, la compasión y la comprensión manan de la forma de hablar de una persona. La buena comunicación lleva a relaciones más fuertes, sanas y duraderas que son divertidas y honran a Dios.

SESIÓN 3
Estimulación, relación y creatividad
Capítulos 7-9 de *El lenguaje del sexo*

Durante esta sesión, las parejas explorarán los asuntos básicos relacionados con el sexo. Discutirán temas importantes como la afirmación verbal, las expectativas sanas y la creatividad.

Para empezar
¿Cómo ha cambiado el romance en su relación desde que se casaron? Las respuestas pueden variar, pero esta pregunta está diseñada para resaltar el hecho de que el ro-

mance, y la definición de romance que cada uno tiene, cambia durante el transcurso del matrimonio.

¿Qué tipos de actividades, palabras o interacciones cultivan el romance, el afecto y la fascinación en su relación? Pasar tiempo juntos y tener actividades en común con frecuencia es algo que aumenta el nivel del romance, el afecto y la fascinación. Sin embargo, es importante que se tenga la intención de pasar tiempo juntos. Una pareja puede hacer la misma actividad y estar conectada o desconectada dependiendo de cuánta interacción positiva disfruten.

¿Qué le impide hacer esas actividades, decir esas palabras y disfrutar de esas interacciones más a menudo? Las ocupaciones, los horarios, los niños, el trabajo, las reparaciones de la casa y otros oficios diarios pueden impedirle a una pareja hacer ese tipo de actividades.

Discusión y estudio

Escriba cinco actividades no sexuales que le ayudan a prepararse o le hacen desear el sexo con su cónyuge. Las respuestas pueden variar, pero los actos de servicio van en primer lugar en la lista de actividades que preparan a muchas mujeres para el sexo. A muchas mujeres nada las excita más que ver que el hombre aspire la alfombra o cuide a los niños. Ducharse, cuidar de la higiene personal, tener sábanas limpias en la cama, escribirse notas de amor o llamarse durante el día son cosas que pueden ayudar a aumentar el deseo.

En los siguientes pasajes, ¿qué afirmación verbal le dio Dios a Josué?

- Josué 1:6: «Sé fuerte y valiente».

- Josué 1:7: «Sólo te pido que tengas mucho valor y firmeza».

- Josué 1:9: «¡Sé fuerte y valiente! ¡No tengas miedo ni te desanimes!»

- Josué 1:18: «Sé fuerte y valiente».

¿Por qué cree usted que Josué necesitaba escuchar la afirmación verbal más de una vez? Las respuestas pueden variar, pero quizás Josué no permitió que esas palabras

penetraran en su corazón la primera vez. Quizás, como muchos de nosotros, necesitaba escuchar esas palabras una segunda, tercera e incluso una cuarta vez.

Si Josué necesitaba escuchar la afirmación verbal de Dios varias veces, ¿cuánto más usted y su cónyuge necesitan animarse verbalmente? La mayoría de nosotros necesitamos más afirmación verbal de la que creemos. Necesitamos que nos recuerden frecuentemente lo que es amable, bueno, verdadero y hermoso. Necesitamos que nos motiven con cierta regularidad.

¿Por qué cree usted que es tan importante afirmarse verbalmente antes y después de la relación sexual? El sexo es increíblemente íntimo y exige una vulnerabilidad extrema. Afirmarse antes y después del sexo hace que la pareja se sienta segura de que la honra y la seguridad son parte de la relación.

«Lo que más desea una mujer de un hombre es ternura. Lo que más desea un hombre de una mujer es respuesta» (pág. 107). ¿En qué aspectos está usted de acuerdo con esta afirmación? ¿En qué aspectos está usted en desacuerdo con esta afirmación? Las respuestas pueden variar, pero por lo general la mayoría de las parejas está de acuerdo con esto.

Todos tenemos inseguridades. ¿Cuáles son algunas de las inseguridades más íntimas que usted tiene con relación al sexo? Comparta su respuesta con su cónyuge. Las respuestas pueden variar, pero muchos esposos luchan con inseguridades como la imagen del cuerpo, el tamaño, la duración o el desempeño.

En el siguiente espacio, escriba las expectativas que tiene sobre usted mismo. Las respuestas pueden ir desde las generalidades hasta cosas específicas. Algunas personas esperan llegar siempre a tiempo o que los demás lleguen siempre puntuales, ser siempre amables, o limpias y organizadas. Pueden esperar la perfección, el éxito o la igualdad. Pueden esperar cumplir sus metas, o incluso las metas de los demás.

En el siguiente espacio, escriba las expectativas que tiene sobre su cónyuge. Las respuestas pueden variar, pero esta pregunta tiene la intención de resaltar el hecho de que todos tenemos algunas expectativas sobre nuestro cónyuge, ya sea que nos demos cuenta o no. Algunas de esas expectativas puede ser saludables, pero otras puede que no lo sean.

¿Sus expectativas son realistas y sanas? Aparte un momento para orar. Pregúntele a Dios si debe hacer algún cambio en sus expectativas. Escriba los cambios necesarios. Las respuestas pueden variar, pero las expectativas que dañan una relación son por lo general nocivas. Las expectativas que provocan decepción, ira, frustración o amargura reiteradamente deben ser evaluadas en oración.

¿De qué forma la gracia y la redención son demostradas en los siguientes versículos?

- Proverbios 4:18: Nos recuerda que no hemos llegado a la perfección, pero que la luz de la justicia cada vez brilla más en nosotros a medida que seguimos en nuestro caminar cristiano.

- 2 Corintios 3:18: Nos recuerda que cada uno de nosotros está siendo transformado a la imagen de Dios. Tenemos una gloria que viene de Dios y que cada vez aumenta más.

- 2 Tesalonicenses 1:3: Vemos aquí una actitud de agradecimiento. Nos recuerda que la fe y el amor están en constante aumento.

Como cristianos, Dios nos llama a estar contentos en todas las circunstancias. Debemos encontrar alegría y satisfacción en aquel que no nos dejará ni nos abandonará. ¿Qué recomiendan los siguientes versículos para tener una vida contenta y satisfecha?

- Salmo 37:4: Deleitarse en Dios y él nos dará lo que deseamos.

- Isaías 58:10-11: Cuando servimos, defendemos y bendecimos a los demás, Dios nos sirve, defiende y bendice a nosotros. Él satisface todas nuestras necesidades y nos da fortaleza.

- Juan 6:35: Establecer una relación con Jesús. Él es quien nos satisface como nadie más.

Una de las claves para cultivar la creatividad es compartir no solo las necesidades, sino también los deseos. Lea 1 Corintios 7:2-5. Haga una lista de las cuatro instrucciones específicas que se dan en este pasaje.

1. Toda persona debe casarse con una persona del sexo opuesto.
2. Toda persona debe cumplir su deber marital.
3. El cuerpo de la persona no le pertenece (lo que incluye el amor y el respeto).
4. No se deben negar el uno al otro a no ser por motivo de la oración.

¿De qué forma estas instrucciones ayudan a las parejas a protegerse contra el pecado sexual? Nos enseñan que el sexo debe ser una parte regular de un matrimonio sano. El sexo no debe ser ignorado, negado o utilizado como una recompensa; debe ser disfrutado por los dos. Esto ayuda a cerrar la puerta a la tentación sexual.

¿Cuándo fue la última vez que compartió una necesidad sexual con su cónyuge? ¿Cuál fue la respuesta? Las respuestas pueden variar, pero esta pregunta está diseñada para permitirles a las parejas hablar sobre qué tan cómodos se sienten al comunicarse sobre el tema del sexo.

¿Qué puede hacer para propiciar un ambiente en el que tanto usted como su cónyuge se sientan cómodos hablando sobre el sexo más a menudo? Las parejas deben darse cuenta de que deben proponerse sacar el tiempo para hablar de sexo, no solo como una broma o antes de la relación sexual, sino como una discusión real de corazón a corazón. Deben escucharse mutuamente y responder con amor y honestidad. Las palabras deben estar sazonadas con amabilidad y amor.

SESIÓN 4
Las dimensiones espirituales del sexo
Capítulo 10 de *El lenguaje del sexo*

Durante esta sesión, las parejas explorarán las dimensiones espirituales del sexo. Hablarán de temas como la importancia de una relación con Dios y de asumir el cien por ciento de la responsabilidad por su propio caminar espiritual individual.

Para empezar

¿Por qué cree usted que Dios diseñó el sexo como algo más que solo un acto físico? Las respuestas pueden variar, pero el sexo es un regalo sorprendente que tiene muchas dimensiones. Es un regalo para desenvolver toda la vida con su cónyuge.

¿Qué actividades o disciplinas le ayudan a conectarse con Dios? ¿Qué le impide hacer esas actividades o disciplinas más a menudo? Las respuestas pueden variar, pero la oración, el estudio de la Biblia, la alabanza, la soledad, el silencio, los retiros espirituales y otras disciplinas pueden ayudar a las personas a conectarse con Dios. Las ocupaciones pueden impedirle a una persona conectarse con Dios.

¿Le parece que su vida y su relación cambian cuando se toma el tiempo para leer la Biblia y orar? Explique. ¿Qué sucede cuando no se toma el tiempo para leer la Biblia y orar? Las respuestas pueden variar, pero la mayoría de las personas experimenta un gran cambio en la actitud y la perspectiva que influye mucho en su día. No tomar el tiempo para leer la Biblia y orar también afecta la actitud y la perspectiva de una persona, pero no para bien.

Discusión y estudio
1. Renunciaré a la expectativa de que mi cónyuge va a suplir todas mis necesidades.

En la siguiente tabla, relacione con una línea los versículos con la promesa de Dios.

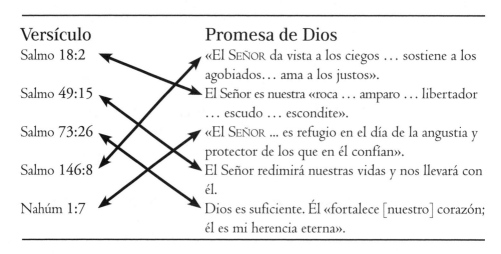

Versículo	Promesa de Dios
Salmo 18:2	«El Señor da vista a los ciegos ... sostiene a los agobiados... ama a los justos».
Salmo 49:15	El Señor es nuestra «roca ... amparo ... libertador ... escudo ... escondite».
Salmo 73:26	«El Señor ... es refugio en el día de la angustia y protector de los que en él confían».
Salmo 146:8	El Señor redimirá nuestras vidas y nos llevará con él.
Nahúm 1:7	Dios es suficiente. Él «fortalece [nuestro] corazón; él es mi herencia eterna».

En el Sermón del Monte, Jesús deja claro que no desea que nosotros temamos por nada. En vez de eso, debemos volvernos a Dios, que es quien puede suplir todas nuestras necesidades. Lea Mateo 6:25-34. ¿Qué preocupaciones aparecen en este pasaje? Entre las preocupaciones está qué comeremos, beberemos o vestiremos en el futuro.

De esas preocupaciones mencionadas antes, ¿hay algunas a las que usted sea particularmente susceptible? Las respuestas pueden variar. Cada persona tiene áreas diferentes en las que se siente más tentado a preocuparse.

¿Hay algunas preocupaciones que sean áreas de tensión o desacuerdo en el matrimonio? Las respuestas pueden variar.

¿Qué instrucción se da en Mateo 6:33 como el antídoto para las preocupaciones? Debemos buscar el reino de Dios y su justicia. Debemos poner a Dios como la primera prioridad.

2. Haré todo lo que pueda para buscar mi plenitud en Dios.

Lea Mateo 13:18-23. Según este pasaje, ¿qué daña las semillas que producen la cosecha? La falta de raíces, los problemas y las persecuciones, las preocupaciones por la vida y el engaño de las riquezas son cosas que pueden impedir el buen crecimiento.

Lea Mateo 22:1-5. En este pasaje, ¿cómo respondieron los invitados a la fiesta de bodas? Se rehusaron a ir. «Pero ellos no hicieron caso y se fueron: uno a su casa, otro a su negocio» (v. 5).

3. Asumiré el cien por ciento de la responsabilidad por mi caminar espiritual.

En el libro de Génesis leemos acerca de la primera vez que alguien le echó a otra persona la culpa espiritual. Lea Génesis 3:1-13. En este pasaje, ¿quién fue culpado por las malas decisiones? Adán culpó a Eva, y Eva culpó a la serpiente.

¿Por qué cree usted que la respuesta natural de Adán y Eva fue culpar a alguien más? Nadie quiere asumir la responsabilidad de sus acciones y pecados. Al igual que Adán y Eva, todos nos queremos esconder.

¿A quién tiende a culpar usted cuando algo sale mal en su vida? ¿Y en su caminar espiritual? Las respuestas pueden variar, pero se puede culpar a los padres, la iglesia, el pastor, los líderes espirituales, el jefe o el cónyuge. Algunas personas también se culpan a sí mismas o a Dios.

Lea 1 Samuel 25. ¿Cómo asumió Abigaíl el cien por ciento de la responsabilidad por su caminar espiritual y personal? ¿Cuál fue su recompensa? Abigaíl reconoció la necedad de su esposo e hizo lo que era correcto: preservó su vida y la de su familia. Al final, su esposo murió y ella se casó con David, lo que la colocó en el linaje de Jesús.

4. Haré de Dios, y no de mi cónyuge, el centro de mi vida.

Según Lucas 5:32, ¿qué esperanza tienen los que luchan para hacer de Dios el centro de su vida? Jesús es la esperanza. Vino a llamar a los pecadores, no a los justos. Así que si Dios no es el centro de su vida todavía, puede serlo.

Según Colosenses 3:16, ¿de qué formas prácticas puede usted guardar la Palabra de Dios en su corazón? Podemos enseñarnos y motivarnos con la Palabra. Podemos cantar canciones basadas en las Escrituras, himnos y canciones de alabanza. Podemos buscar oportunidades para darle gracias a Dios.

¿Qué cree usted que Pedro quiso decir con «honren en su corazón a Cristo como Señor»? Las respuestas pueden variar, pero esta instrucción quiere decir que toda persona debe hacer de Cristo el centro de su vida. Eso produce un cambio desde dentro hacia fuera.

¿Cuál diría usted que es la razón de «la esperanza que hay en ustedes»? Escriba algunas frases que describan lo que Dios ha hecho en su vida. Las respuestas pueden variar, pero los participantes deben ser motivados a compartir las razones de la esperanza que tienen a las personas que no conocen a Jesús todavía.

SESIÓN 5

Cómo resolver los conflictos y proteger el matrimonio

Capítulos 11-12 de *El lenguaje del sexo*

En esta sesión, las parejas descubrirán cómo resolver los conflictos y proteger su matrimonio de los intrusos y predadores que pueden tratar de dañarlo.

Para empezar

¿Cuándo fue la última vez que tuvo conflictos con su cónyuge? ¿Cuál fue la causa del conflicto? ¿Había un problema mayor detrás del conflicto? Las respuestas pueden variar, pero el punto de esta pregunta es resaltar el hecho de que generalmente en un conflicto hay problemas más profundos. Una pareja puede discutir por el dinero, pero el problema real puede ser la seguridad o la libertad.

¿Qué tipo de cosas pueden debilitar o dañar un matrimonio? El conflicto sin resolver, la falta de comunicación, la falta de perdón, las palabras duras, la mentira, el engaño, el robo y la amargura son solo algunas de las muchas cosas que pueden debilitar o dañar un matrimonio.

¿Qué está usted haciendo en este momento para proteger su matrimonio de las fuerzas externas que pueden intentar debilitar o dañar su relación? Tomar decisiones sabias, guardar los ojos, una buena comunicación y la oración son solo algunas de las muchas formas en que se puede proteger el matrimonio.

Discusión y estudio

Cuando los esposos se divorcian, ¿quién sale herido en la ruptura? Haga una lista de las personas que salen heridas. Las respuestas pueden variar, pero el esposo y la esposa salen heridos. Los hijos por lo general quedan devastados. Los vecinos, los amigos y la comunidad que los rodea también se ven afectados. Cuando una pareja se divorcia, queda un sentimiento de pérdida en todos los que los conocen. Toda relación es afectada por uno o los dos cónyuges.

Lea Mateo 12:25. Según este pasaje, ¿cuál es el efecto de un conflicto no resuelto en una relación? El efecto de un conflicto no resuelto en una relación es la ruina y el colapso.

¿Qué nos aconsejan los siguientes pasajes para resolver la ira?

- Marcos 11:25: Orar por aquellos con los que se está enojado, y al orar, decidir perdonarlos.

- Efesios 4:25-27: Hablar siempre la verdad. Aunque sienta ira, no permita que quede sin resolver, ni siquiera por un día.

- Efesios 4:31-32: Dar una respuesta moderada. Nunca gritar enojado ni decir cosas crueles. No permitir que la ira se manifieste en las acciones. Ser amoroso. Ser amable. Perdonar, así como Dios nos perdonó.

- Santiago 1:19-21: Escuchar atentamente lo que dice la otra persona, pensar antes de hablar y no perder los estribos. Estudiar la Palabra de Dios y guardarla en el corazón.

¿Cuál es el consejo que dan los siguientes pasajes para evitar las palabras duras?

- Proverbios 15:1: Responder con gentileza.

- 1 Timoteo 5:1: En vez de decir cosas duras, decidir animar y exhortar a los demás.

- Judas 14-16: Confiar en que el Señor responderá y se encargará de las palabras duras que le digan a usted. Y tener cuidado de no responder duramente.

Lea Jonás 1:1-3. ¿Qué le mandó Dios a hacer a Jonás? ¿Cómo respondió él? El Señor le ordenó a Jonás ir a Nínive. Jonás se subió a un barco que iba a otro lugar.

Todos tenemos diferentes formas de aislamiento. Algunos prefieren no decir ni una palabra, otros se ocupan en algo o simplemente ceden. La forma de aislamiento que Jonás eligió fue irse en un barco a una tierra lejana. ¿Cuáles son sus formas preferidas de aislamiento? Las respuestas pueden variar, pero además de las formas de aislamiento que se mencionaron anteriormente, muchas personas se aíslan al evitar los problemas, no hablar y estar en desacuerdo en todos los temas.

Lea Jonás 1:4-17. Debido a su gran amor por el pueblo de Nínive y Jonás, el Señor simplemente no dejó que Jonás se aislara. ¿Cómo evitó el Señor que Jonás saliera huyendo? Dios envió una tormenta tan fuerte que la seguridad del barco en el que viajaba Jonás se vio amenazada. Cuando los marineros lanzaron suertes para ver de quién era la culpa, descubrieron que era culpa de Jonás. Cuando lanzaron a Jonás del barco, el Señor envió un gran pez para que se lo tragara. Hizo esto para protegerlo y darle la oportunidad de recapacitar.

¿Cómo puede su cónyuge o las personas que lo rodean ayudarle a no aislarse? Las respuestas pueden variar, pero una de las mejores maneras es recordarle amorosamente a la persona que se está cerrando. A veces un abrazo amoroso o escuchar pueden ayudar a una persona a no cerrarse.

¿Cómo puede ayudar usted a su cónyuge o a las personas que lo rodean a no aislarse? Las respuestas pueden variar, pero una de las mejores maneras es recordándole amorosamente a la persona que se está cerrando y que usted se preocupa demasiado por ella como para dejarla hacer eso. A veces un abrazo amoroso o escuchar pueden ayudar a una persona a no cerrarse.

Lea Lucas 10:38-42. ¿Qué suposiciones cree que hizo Marta sobre María? ¿Qué suposiciones cree usted que hizo María sobre Marta? Las respuestas pueden variar, pero podemos imaginar que Marta pensó que María no hacía nada. Quizás Marta pensó que María estaba evadiendo su responsabilidad. María pudo haber asumido que Marta tenía todo bajo control y que no la necesitaba. Quizás perdió la noción del tiempo o pensó que ya había ayudado lo suficiente a su hermana con las preparaciones. Incluso pudo haber asumido que alguien más estaba ayudando a Marta en la cocina.

¿Qué intrusos se ven en este pasaje? Lo que le dijo Marta a Jesús es una muestra de intensificación, palabras duras y suposiciones. A partir de lo que se lee en este pasaje, Marta no se aisló.

¿Cómo respondió Jesús? ¿De qué manera la respuesta de Jesús es un modelo para nosotros? Jesús respondió firmemente, pero sus palabras estaban sazonadas con amor, gracia y verdad. Él no permitió que el conflicto se intensificara. No utilizó palabras duras ni se aisló. Y no dio lugar a las suposiciones. Fue directo, pero amable.

¿Qué aconsejan los siguientes pasajes para resolver los conflictos?

- Mateo 5:44: Orar por los enemigos o las personas con las que tenemos conflictos.

- Mateo 18:21-22: Perdonar todas las veces que sea necesario. No poner límites en el perdón que se ofrece.

- Colosenses 3:13: Perdonar a los demás, pero la fuente de ese perdón es recordar que Dios también nos perdonó.

- 1 Pedro 3:9-10. No pagar mal por mal ni devolver insulto por insulto. Más bien, bendecir a aquellos con los que tenemos conflictos.

Lea Mateo 4:1-11. En este pasaje, ¿qué utilizó Jesús para protegerse de la tentación? La Palabra de Dios. Guardar la Palabra en nuestros corazones nos protege de la tentación.

¿Qué recomiendan estos versículos para protegerse de la lujuria y la tentación?

- Job 31:1: Prometer no mirar con lujuria a nadie.

- Proverbios 6:20-24: Recordar las palabras de nuestro padre y nuestra madre. Guardar en el corazón una enseñanza buena y sólida.

- Proverbios 6:25-26: No desear la belleza. Tener cuidado con las cosas en las que ponemos nuestros ojos. Mantenernos alejados de los adúlteros y las prostitutas.

- Mateo 6:13: Podemos pedirle a Dios que nos proteja de la tentación y nos guarde del maligno. Esto es parte de la oración que Jesús les enseñó a sus discípulos. Podemos pedirle esto todos los días, e incluso varias veces durante el día.

En Génesis 39, leemos la historia de José y la esposa de Potifar. Él pudo haber tenido un encuentro íntimo con ella, pero se rehusó a hacerlo. Lea Génesis 39:6-12. ¿Qué hizo José para guardar y proteger su pureza? Rechazó los avances de la esposa de Potifar. No cedió. Se concentró en su trabajo y en Dios. Cuando las cosas se complicaron, José decidió salirse de la situación y huyó.

¿Hay actualmente algún predador que esté atacando su matrimonio? ¿Qué pasos debe dar, como José, para huir? Las respuestas pueden variar, pero cortar una relación, cambiar de trabajo o incluso hablar con un consejero son cosas que pueden ayudar.

SESIÓN 6
Respuestas a las preguntas más importantes
Apéndice de *El lenguaje del sexo*

Durante esta última sesión, hablaremos de algunas preguntas comunes que la gente hace en relación con el matrimonio, las relaciones y el sexo.

Para empezar
Si pudiera hacerle a un médico una pregunta sobre sexo, ¿qué le preguntaría? Las respuestas pueden variar, pero las preguntas por lo general están relacionadas con la falta de lubricación, la incomodidad, la frecuencia, el dolor y otros asuntos físicos.

Si pudiera hacerle a un consejero una pregunta sobre el sexo o su matrimonio, ¿qué le preguntaría? Las respuestas pueden variar, pero por lo general las personas tienen preguntas sobre sus propias expectativas o acerca de lo que otras personas les han dicho que es normal en relación con el sexo.

¿A dónde suele ir cuando tiene alguna pregunta sobre el sexo, el matrimonio o las relaciones? Las respuestas pueden variar, pero las fuentes más comunes son los amigos, los consejeros, los libros, las revistas y la Internet, solo por nombrar algunas.

Discusión y estudio

¿Qué significa «dar nuestra vida por nuestro cónyuge»? Significa poner los intereses, deseos y prioridades de nuestro cónyuge antes que los nuestros.

¿Qué impacto tiene en la actitud de su cónyuge el hecho de que usted lo sirve y lo ama? ¿Y en la forma como su cónyuge le responde? ¿Y en su caminar espiritual? Las respuestas pueden variar, pero por lo general, servir y amar al cónyuge tienen un impacto positivo en él o ella.

Según los siguientes pasajes, ¿cuál es el secreto de la satisfacción?

- Salmo 37:7: Esperar pacientemente y evitar irritarse ayudan a promover la satisfacción.

- Salmo 37:16: La satisfacción se encuentra cuando nos damos cuenta de que un poco con justicia es mejor que mucho con los malvados.

- Proverbios 16:8: La satisfacción se encuentra cuando nos damos cuenta de que la justicia es nuestra mayor ganancia.

En la siguiente tabla, identifique quién *fue agradecido y* cómo *lo demostró.*

Pasaje bíblico	Persona agradecida	Cómo demostró la gratitud
1 Crónicas 29:10-13	David	Con alabanza pública a Dios
Daniel 2:17-23	Daniel	Con oración y alabanza pública a Dios
Lucas 2:36-38	Ana	Con gratitud pública a Dios y hablando de Jesús

Guía para líderes

La Biblia es muy clara sobre la inmoralidad sexual. En los siguientes pasajes, ¿qué instrucción da la Biblia sobre la inmoralidad sexual?

- 1 Corintios 6:15: La inmoralidad sexual, incluyendo la prostitución, está claramente prohibida.

- 1 Corintios 6:18-20: «Huyan de la inmoralidad sexual» (v. 18). Debemos honrar a Dios con nuestras creencias.

- 1 Tesalonicenses 4:3: La voluntad de Dios es que no caigamos en la inmoralidad sexual.

- Hebreos 13:4: El matrimonio y el lecho matrimonial deben ser honrados y mantenidos puros. Los adúlteros y los inmorales sexuales serán juzgados por Dios.

En los siguientes versículos, ¿qué promesas encuentra con relación al pecado del pasado, el perdón y la redención?

- Salmo 103:12: Dios aparta nuestros pecados de nosotros tan lejos como el oriente está del occidente.

- Proverbios 28:13: Confesar y renunciar al pecado lleva a la misericordia. Ocultar nuestro pecado no lleva a la prosperidad.

- Isaías 1:18: Dios nos puede limpiar de nuestros pecados. Ninguna mancha de pecado está por fuera de su poder y redención.

- Isaías 43:25: Dios «borra» los pecados y los olvida.

- 2 Corintios 5:17: Si estamos «en Cristo», somos una nueva creación. Lo viejo ha pasado y todo es hecho nuevo.

- Efesios 1:5-7: Dios «nos predestinó» para ser adoptados como sus hijos a través de Jesús. A través de Cristo, tenemos redención.

125

¿Conoce usted la fórmula para una vida sexual estupenda?

El lenguaje del sexo
Cómo experimentar la belleza
de la intimidad sexual
Gary Smalley y Ted Cunningham
ISBN 978-0-8297-5609-8

Hay una fórmula secreta para tener el mejor sexo de su vida, pero no la encontrará en las páginas de una revista que compra en un supermercado. El Dr. Gary Smalley, autor de Éxitos de venta, finalmente habla del tema que está en la mente de todo el mundo: el sexo. Con su pastor y buen amigo, Ted Cunningham, Smalley va más allá de nuestros complejos y tabúes para responder la pregunta: *¿Cómo puedo tener el mejor sexo de mi vida?*

Una vida sexual estupenda se logra con los mismos ingredientes de un matrimonio fuerte e íntimo. Cuando empezamos a mirar honestamente las diferencias que hay entre hombres y mujeres, podemos encontrar formas de construir un puente y crear la honra, la intimidad y la seguridad que una vida sexual estupenda y un matrimonio estupendo necesitan para florecer. En *El lenguaje del sexo*, Gary y Ted comparten los secretos para aumentar la temperatura en su relación fuera de la habitación... y dentro de ella.

Nos agradaría recibir noticias suyas.
Por favor, envíe sus comentarios sobre este libro
a la dirección que aparece a continuación.
Muchas gracias.

Vida@zondervan.com
www.editorialvida.com